스스로 서서
서로를 살리는 교육

단절의 시대, 만남과 소통을 위한 교육론

스스로 서서
서로를 살리는
교육

현병호 씀

스스로 서야만 서로를 살릴 수 있는
것은 아니다. 숲의 나무들이
서로 기대어 비바람을 이겨내듯
서로를 살리다 보면 스스로
설 수도 있게 되는 것이
삶의 진실이다.

민들레

우리는 모두 연결되어 있다

코로나 팬데믹을 겪으면서 새삼 우리 모두가 연결되어 있음을 깨닫고 있다. 가까운 사람들이 서로에게 가장 밀접한 환경이라는 것, 그리고 밀접 접촉이 우리의 생존을 위협할 수도 있음을 긴급문자가 시시각각 알려준다. 사람들은 주위 사람들을 위해 스스로 마스크를 쓰고 '사회적 거리'를 지키려 애를 쓴다. 사회적 거리두기가 필요한 시기이지만, 다른 한편으로는 소통과 연대의 필요성이 더욱 부각되는 시대이기도 하다.

코로나 팬데믹은 인류의 상호작용 총량이 급격히 늘어난 데 기인하는 것이기도 하다. 앞으로도 새로운 전염병의 위협은 계속될 거라고 한다. 재난에 맞닥뜨렸을 때는 함께 협력하는 것이 생존가능성을 높인다. 뭉쳐야 사는 것이 아니라 흩어져야 사는 시대가 되고 있지만, 이 시련을 극복하려면 긴밀하게 팀플레이를 하지 않을 수 없는 것이 오늘날 우리가 맞닥뜨린 딜레마다. 삶은 모순을 품고 있다. 따지고 보면 긴밀한 접촉에는 언제나 커다란 위험이 따르기 마련이다. 앞으로 나아가려면 위험을 무릅쓰면서 걸음을 내딛어야 한다.

흔히 교육은 만남이라고 말한다. 운명적인 만남은 우리의 인생을 좌우한다. 운명적인 만남이 아니어도 아이의 성장에는 많은 사람들의 손길과 눈길이 작용한다. 부모와 선생님, 친구들과 상호작용을 하면서 아이는 자란다. 때로는 책이나 영화로 시간과 공간을 넘나들며 만남이 이루어지기도 한다. 어떤 아이에게는 아파트 경비원 아저씨가 스승 역할을 할 수도 있다. 언제 어떤 계기로 아이가 눈을 뜰지는 아무도 모른다. 자신이 알아야 할 모든 것은 유치원에서 다 배웠다고 말하는 이도 있고, 또 누구는 대학에 가서야 만날 사람을 만나고 길을 찾기도 한다. 교육은 이처럼 오랜 기간에 걸쳐 수많은 사람들의 팀플레이로 이루어진다.

한 학교 안에서도 교사들의 팀플레이는 중요하다. 아무리 훌륭한 교사도 홀로 아이들의 성장을 도모하기는 어렵다. 인간의 성장은 역동적인 과정이어서 덩굴식물이 자라듯이 나선형으로 나아가기 때문이다. 갈등 없는 입체적인 성장이 일어날 수 없다. 좋은 교사, 나쁜 교사, 이상한 교사 모두 아이의 성장에는 도움이 된다.

우리 모두가 연결되어 공동의 작업에 참여하고 있음을 인식할 때 서로의 다름에 대해 좀 더 너그러워지면서 교육의 짐도 조금 더 가벼워질 것이다.

'스스로 서서 서로를 살리는 교육'은 격월간《민들레》의 제호이자 민들레가 지향하는 교육의 방향이기도 하다. 언뜻 자립이 상생의 조건인 것처럼 들리지만, 스스로 서야만 서로를 살릴 수 있는 것은 아니다. 숲의 나무들이 서로에게 기대어 비바람을 이겨내듯이, 서로를 살리다 보면 스스로 설 수도 있게 되는 것이 삶의 진면목일 것이다.

이 책에 실린 대부분의 글은 지난 3년 동안 격월간《민들레》에 실렸던 글 가운데 가려 뽑아 다시 손을 본 것들이다. 30여 년 가까이 교육 관련 활동을 해오면서 교육과 삶에 대해 나름 생각한 바를 정리한 것이기도 하다.《민들레》를 창간했을 때와는 관점이 달라진 지점도 있고, 그때는 미처 보지 못했던 것을 보게 된 지점도 있어 그것을 한 줄로 꿰는 작업을 이 책을 통해 한 셈이다.

꿰는 실 역할을 한 것은 '상호작용' 또는 '맥락'이라는 개념이다. 이 책 또한 수많은 사람들의 상호작용의 결과물이다. 앞서 교육 문제를 고민한 많은 사람들,《민들레》에 글을 쓴 숱한 필자들, 함께 읽고 이야기를 나눈 독자들도 이 책의 공동저자들이다. 사실 세상 모든 일은 상호작용의 과정이다. 교육은 상호작용 그 자체이기도 하다. 그리고 맥락은 그 작용이 일어나는 형식이다. 맥락을 살피는 것이 교육의 핵심이다.

교육적 관점에서 사이와 맥락의 중요성을 이야기하는 이 책은 커뮤니케이션론이기도 하다. 미래사회에서 가장 중요한 역량이 소통 능력일 거라고 많은 학자들이 말한다. 아이들의 성장을 돕고자 하는 어른들에게 무엇보다 필요한 능력이기도 할 것이다. 커뮤니케이션의 기본은 '듣기'다. 마음을 열고 듣는 일은 곧 신뢰를 주고받는 것이다. 신뢰는 상호간에 발신과 수신이 더 활발히 일어나게 하고 다음 단계로 나아갈 수 있게 해준다.

글을 쓰고 책을 엮는 과정에서 신뢰와 조언을 아끼지 않은 민들레 동료들에게 고마움을 전한다. 글을 쓰면서 다양한 삶과 교육의 바탕에 깔린 보편성을 놓치지 않으려 애를 썼지만, 글이란 읽는 사람에 따라 맥락이 달라지기 마련이다. 모든 책은 모든 독자들에게 고유한 책이다. 아무쪼록 이 책이 교육을 고민하는 독자들 사이에서 활발한 상호작용을 낳아 교육적 맥락이 더욱 풍성해지기를 바랄 따름이다.

2020년 6월

현병호

차례

2부 교육은 소통이다

3부 교육은 사건이다

1
교육은
만남이다

뿌리를 내리지 못하면 날아오를 수 없다. 진정한 자유 또한 관계의 그물망 안에서 가능하다. 친밀한 관계가 사라진 자유로운 삶이란 공허한 삶이 아닌가. 파랑새는 쫓아가서 잡을 수 있는 것이 아니다. 뿌리를 내리고 날개를 펼칠 때 내 안의 파랑새가 날아오른다. 뿌리와 날개는 함께 자란다.

뿌리와 날개는 함께 자란다

'가슴 뛰는 삶'이라는 함정

가슴 뛰는 삶을 살고 싶지 않은 이가 어디 있으랴. 하지만 우리의 일상은 가슴 뛰지 않는다. 최신 뇌과학 연구에 따르면 어린아이들의 뇌는 하루에도 몇십 번씩 열광 상태에 빠진다고 한다. 세상이 그만큼 흥미진진한 것이다. 길바닥에 줄지어 가는 개미떼, 콘크리트 바닥에 박혀 있는 작은 돌멩이 하나에도 혹하는 것이 어린아이들이다. 그러던 아이가 십 년쯤만 지나면 사는 것이 시시해지는 것은 무엇 때문일까.

스무 해도 안 살아본 어떤 친구가 말했다. 인생은 밤식빵 같다고. 간간이 나오는 밤 알갱이의 달콤함을 맛보려고 밍밍한 빵을

다 먹게 되는 것이 인생인 것 같기도 하다. 게다가 밤 알갱이인 줄 알았는데 그게 사실은 고구마 조각이라는 것을 뒤늦게 알게 되기도 한다.

'가슴 뛰는 삶'이란 우리가 빠지기 쉬운 함정일 수 있다. 아무리 창조적인 일이라 해도 그 속에는 단순반복적인 일이 더 많다. 창의성이란 것도 단순반복 훈련의 바탕 없이는 생겨나지 않는다. 즉 흥연주가 가능하려면 눈 감고도 연주할 수 있는 실력이 있어야 하듯이, 어떤 분야든 일가를 이루려면 지루함을 이겨내면서 숱한 고비를 넘어서야 한다.

그 고비를 넘어설 수 있는 힘은 열정에서 나온다. 열정이 있으면 단순반복적인 훈련과정도 참고 이겨낼 수 있다. 열정은 일 자체에 대한 흥미에서 비롯될 수도 있지만 사람에 대한 애정에서 비롯되기도 한다. 아이들을 잘 키우기 위해 힘든 일을 마다하지 않는 부모처럼, 또는 수학선생님이 좋아서 수학과목을 좋아하게 된 아이처럼.

'가슴 뛰는 삶'이라는 파랑새를 찾아 헤매기 전에 뿌리를 내린다는 것의 의미를 깊이 생각해볼 필요가 있다. 우리로 하여금 땅에 두 발을 딛고 설 수 있게 하는 힘이자 나무들이 뿌리를 내릴 수 있게 하는 힘인 중력이란 인력, 곧 끌어당기는 힘이다. 이 힘은 우주의 만물 속에 잠재해 있어 만유인력이라고도 일컫는다. 인간의 경우 이는 '매력'이라는 말로 표현되기도 한다(물질적인 힘인 인력과 달리 정신적인 힘이라고 할 수 있지만 끌어당기는 힘이라는 점에서는 같다). 서로를 끌어당기는 힘이 맞아떨어지면 자석처럼 달라붙는다. 매력을 느끼는 사람에게 끌려 깊은 인연을 맺으면 우리는 그에게 뿌리를 내리게 된다. 연인 관계든 친구 사이든 사제 간이든 깊은 관계에는 남다른 인력이 작용하는 셈이다.

삶에 열정이 없고 세상에 뿌리를 내리지 못하고 떠도는 젊은이들이 늘고 있다. 길을 잃은 듯한 이 젊은이들을 지원하는 사회적 기업 '유유자적 살롱'에서는 이들을 가리켜 '무중력 세대'라 이름을 붙였다. '무기력'이 아닌 '무중력'이라는 표현이 적절한 것 같다. 이들에게는 세상에 발을 붙이고 뿌리를 내리게 하는 중력장이 작용하지 않는 것이다. 둥둥 떠다니면서 세상에 뿌리를 내리지 못하는 것은 중력장, 다시 말해 이들을 끌어당기는 긴밀한 관계의 경험이 없기 때문일지 모른다. 끌리는 존재를 못 만난 것이다. 삶을 지탱해주고 성장을 부추기는 그런 존재를. 이들에게는 부모형제도 그런 존재가 아니다.

지난 세대는 시대적으로 끈끈한 관계의 그물 속에서 자라났다. 단칸방에서 한식구가 부대끼면서 서로 미운 정 고운 정이 들고, 그래서 서로를 위해 고생을 마다하지 않았던 세대다. 고생하는 부모를 보면서 또는 어린 동생들을 보면서 어디든 뿌리를 내리기 위해 발버둥을 쳤다. 전태일이 청계천에 뿌리를 내린 것도 그렇게 시작된 일이었다. 사랑이 많았던 그에게는 함께 일하는 동료들과 동생뻘 되는 어린 여공들도 형제자매들이었다. 버스비를 아껴 풀빵을 사 갈 만큼 그의 연민은 깊었다. 그의 뿌리는 먼저 가족에게 그리고 더 나아가 일터의 형제자매들에게까지 뻗어 있었다.

어쩌면 '가슴 뛰는 일'이라는 것은 뿌리내림을 가로막는 하나의 환상일지 모른다. 우리를 가슴 뛰게 하는 것은 일 자체가 아니라 그 일과 얽힌 사람들에 대한 우리의 관심과 애정이다. 그러므로 사람에 대해 가슴이 뛰지 않는 사람은 가슴 뛰는 일을 만날 수 없다. 가슴 뛰는 일을 만나야 가슴이 뛰는 것이 아니라, 가슴이 뛰는 사람이 하는 일이 가슴 뛰는 일인 것이다. 재단사 시다 일이 가슴 뛰는 일은 아닐지라도 전태일의 삶이 열정으로 넘칠 수 있었던 것은 그의 가슴속에 싹튼 크나큰 연민과 정의감 때문이었다. 그들에 대한 깊은 연민과 애정은 그로 하여금 죽음조차 넘어설 수 있게 했다.

가슴 뛰는 삶을 살고자 한다면 먼저 주변 사람들에게 애정과 연민을 가질 일이다. 사람이 아니어도 좋다. 한 그루 장미든 길고양이든 애정을 갖고 만나야 한다. 아이들이 가슴 뛰는 삶을 살기를 바란다면 무엇보다 가슴속에 사랑을 키울 수 있도록 배려할 일이다. 다른 존재에 대한 관심과 애정을 갖고 제대로 관계 맺는 체험이 필요하다. 풀 한 포기든 강아지든, 동성친구든 이성친구든, 엄마 아빠든 형제자매든 깊은 만남이 있어야 한다. 사실 가슴 뛰는 삶은 어디 멀리 있지 않다. 바로 주변에 대한 관심이 살아날 때 가슴이 뛰기 시작한다. 그 관심을 어떤 식으로 풀어낼지는 그다음 일이다. 관계 속에 먼저 뿌리를 내려야 한다. 뿌리를 내리는 만큼 가지가 자라날 것이다.

뿌리와 날개

오늘날 많은 젊은이들이 깊은 관계를 맺지 못하고 헤매는 데는 여러 가지 원인이 있겠지만, 우리 사회가 구조적으로 뿌리를 내리기 힘든 사회인 까닭도 있을 것이다. 많은 아이들이 갓난아이 시절 엄마와 충분히 밀착된 시간을 갖지 못한 채 자라고, 형제자매 없이 홀로 큰다. 더욱이 이삿짐 위에서 살다시피 하는 우리는 살고 있는 지역에 대한 애착심도, 이웃에 대한 관심도 갖기 힘들다. 친구를 사귀기도 쉽지 않다. 인스턴트 식품을 먹고 자라서인지 요즘 아이들은 연애도 인스턴트 식이다. 백 일만 지나도 대단한 세월을 함께한 양 호들갑이다.

사람에게든 지역에든 뿌리를 내린다는 것은 세월을 그와 함께 하는 것이기도 하다. 우리 사회의 민주주의 뿌리가 약한 것도 뿌리를 내리고 사는 사람들이 별로 없기 때문이라고 볼 수 있다. 우리 사회는 지연과 학연, 혈연으로 끈적끈적하게 서로 연결되어 있는 것 같지만, 그 관계는 서로에 대한 애정과 관심 속에 뿌리를 내린 관계가 아니라 저마다 필요한 것을 취하려는 이해관계의 그물망일 따름이다. 이런 가짜 관계망은 오히려 참된 관계망의 형성을 가로막는 장애물이 된다.

뿌리를 내린다는 것은 애정에 기초한 관계망 속으로 들어가는 것이다. 그 관계망은 자칫 우리를 옭아매는 그물로 작용할 수도 있지만, 우리의 삶을 지탱하는 발판이자 안전망이 될 수도 있다. 유대감 또는 친밀감을 느낄 수 있는 관계의 그물망은 사람이 살아가는 데 절대적으로 필요하다. 가족이라는 공동체가 소중한 까닭이 여기 있다. 유대감은 아이들의 뇌 발달과도 밀접한 관계가 있다고 한다. 뇌의 구조 자체가 신경세포의 연결망으로 이루어져 있기 때문일까. 가까운 이들과의 유대감은 어린아이의 뇌를 활성화시키는 데도 매우 중요한 역할을 한다고 알려져 있다.

우리 안에는 서로 상반되는 두 가지 욕구가 있다. 친밀한 관계를 원하면서 동시에 자유롭기를 바라는 욕구. 우리는 저마다 개체로서의 독립성을 추구하면서 동시에 관계 속에서 인정받고 사랑받고 싶은 욕구 사이의 긴장 속에서 살아간다. 땅에 뿌리를 내리려는 힘과 하늘로 솟구쳐 오르려는 힘이 함께 존재하는 셈이다. 하지만 이 힘은 서로 충돌하는 힘이 아니다. 식물의 줄기는 위로 자라고 뿌리는 아래로 자라지만 성장하려는 힘은 동일하다. 굴광성, 굴지성이라는 표현은 같은 현상을 표현하는 다른 용어에 지나지 않는다. 성장을 향한 욕구, 성장에 필요한 빛과 물을 찾으려는 몸부림이다.

어디에 씨앗이 떨어졌든 그 곳에 뿌리를 내리려면 먼저 그 조건을 받아들여야 한다. 받아들임은 거기에 안주하거나 자포자기하는 것이 아니다. 바위 위에서 자라는 나무처럼 자기존재의 근거를 스스로 만들어가는 일이기도 하다. 바위 틈새에 쌓인 흙먼지에 가는 뿌리를 내리고 바위를 조금씩 조금씩 부식시키며 뿌리를 뻗는다. 뿌리 가닥 사이에 흙먼지와 낙엽이 쌓이면서 풀이 자라고 거기에 조금씩 더 뿌리를 뻗으면서 나무는 바위 위에서도 자란다. 어떤 나무는 뿌리로 바위를 감싸 안으면서 땅 속으로 뿌리를 박아 아름드리 나무로 자라기도 한다. 황무지에서 자라는 나무들은 스스로의 잎을 떨구어 토양을 비옥하게 만들면서 울창한 숲을 이룬다. 나무들은 그렇게 자기 존재의 기반을 받아들이고 또 스스로 만들어간다.

뿌리를 내린다는 것은 그처럼 받아들이고 또 나눠주는 일이다. 약탈하거나 착취하는 것이 아니라 순환계 속에서 상생의 관계를 맺는 일이다. 주변의 식물들뿐만 아니라 흙과 미생물, 새와 곤충들과의 긴밀한 관계 속에서 식물들은 자란다. 동물도 마찬가지다. 저마다의 섭생법에 따라 어떤 지역에 뿌리를 내리고 산다. 새조차도 뿌리를 내린다. 뿌리내리는 방식이 식물과 다를 뿐이다. 텃새는 텃새대로 철새는 철새대로 저마다 처한 생태계에 뿌리를 내리고 살아간다. 사람도 시골이든 도시든 그곳의 다른 존재들과 긴밀한 관계를 맺고 살아간다. 농경민도 유목민도 저마다 방식은 다르지만 그 지역에 뿌리를 내린다.

불교에서는 이를 인드라망, 인연의 그물망으로 표현하기도 한다. 하나하나의 그물코는 독자적으로 존재하는 것이 아니라 관계망의 한 연결고리일 뿐이다. 개체로서의 그물코는 존재할 수 없다. 관계의 집합체, 그것이 존재의 본질일 것이다. 이는 물질이 입자들의 관계 속에서 생겨나는 에너지 덩어리일 뿐이라는 양자물리학의 발견과도 통한다. 어쩌면 우리의 실체도 그물코가 아니라 서로를 끌어당기는 힘으로 존재하는 것인지 모른다. 그 힘 덕분에 그물코가 실재하는 것처럼 모습을 드러내 보일 뿐인. 우리가 추구하는 자유로움은 이 그물망에서 벗어남으로써 가능한 것이 아니다. 벗어나려야 벗어날 수 없는 운명이다. 속세의 인연을 끊고 출가한다고 자유로워질 수 있는 것은 아니다. 자칫 뿌리 뽑힌 존재가 될 수도 있다.

자립과 상생

식물들의 경우 줄기와 뿌리의 경계가 모호한 경우가 많다. 땅 위로 드러나면 줄기가 되고 묻히면 뿌리가 된다. 존재 방식이 환경에 따라 좌우되는 것이다. 그래서 많은 식물들의 경우 잎이나 줄기를 잘라 심어도 뿌리가 생겨나 번식이 가능하다. 개체성이란 것은 눈에 보이는 것처럼 그렇게 확실한 것이 아니다. 하나의 뿌리에서 자라나 숲을 이룬 대나무들은 저마다가 한 개체일까 아니면 전체가 하나의 개체일까?

나무는 연리지나 연리목처럼 떨어져 있던 것끼리 한 몸이 되기도 한다. 제주도 절물오름 근처에는 줄기와 뿌리가 서로 이어진 나무가 있다. 땅 위로 드러난 느티나무 뿌리가 옆의 풍나무 줄기와 하나로 이어져 있는 신기한 모습이다. 아마도 땅속의 뿌리는 더 얽혀 있을 것이다. 숲의 나무들은 대나무처럼 하나의 뿌리에서 여러 줄기가 뻗어 나오기도 하지만 자라는 과정에서 뿌리가 서로 붙기도 한다. 설령 붙지는 않더라도 뿌리들끼리 얽혀 서로 영향을 주고받으면서 자란다. 숲속의 나무가 잘 쓰러지지 않는 것은 가지들이 서로를 지탱해주기 때문이기도 하지만, 뿌리들이 서로 얽혀서 붙들어주기 때문이다. 뿌리가 좀 약한 나무라 하더라도 다른 뿌리들이 붙들어주는 덕분에 태풍에도 쉽사리 쓰러지지 않고 버틸 수 있다.

홀로 서 있는 대나무는 비가 오면 잎사귀에 매달린 빗물의 무게를 이기지 못하고 쉬이 부러진다. 꼿꼿이 자라는 벼과 식물은 대부분 무리지어 살면서 서로에게 기대어 가늘고 기다란 몸을 지탱한다. 대나무처럼 이름만 나무인 풀이 아니라 둥치가 굵은 나무들도 홀로 있으면 태풍 같은 큰 시련에 무사하기 힘들다. 홀로 우뚝하면 벼락을 맞기도 쉽다. 이처럼 서로 기대어 비바람을 이겨내는 것이 숲의 생존 원리다.

사람도 그렇지 않을까. 다들 고단하고 외로운 인생길에서 서로 서로를 지탱해주면서 살아간다. 아이와 부모의 관계도 그렇다. 아이가 없다면 대부분의 평범한 어른들은 제 한 몸 건사하기도 쉽지 않을 것이다. 혼자 살면 밥을 제때 챙겨먹기도 쉽지 않다.

모든 아이들은 '부모 사람 만들기'라는 사명을 띠고 태어난다는 말이 있다. 어린아이는 혼자서는 살아갈 수 없지만 존재 그 자체로 세상에 기여한다. 아이와 부모는 상생의 관계 속에서 함께 자립의 힘을 키운다고 볼 수 있다. 하지만 그 관계의 그물망이 자신의 삶을 옭죄는 것이 되지 않으려면 끌어당기는 인력과 밀어내는 척력의 균형을 잃지 않아야 한다. 과圖중력과 무중력의 함정에 빠지지 않도록 주의하면서 땅 위에 두 발을 딛고 가볍게 걸어볼 일이다.

격월간 《민들레》의 기치는 '스스로 서서 서로를 살리는 교육'이다. 스스로 설 수 있게 된 사람들이 서로를 살리는 상생관계를 맺는 것을 바람직한 모습이라고 보았다. 자립을 상생의 기본조건으로 본 것이다. 그러나 지난 세월 비록 야근을 밥 먹듯 하며 일을 하긴 했지만 숱한 사람들의 선의가 함께하지 않았다면 살아남기가 쉽지 않았을 것이다. 교육문제로 힘들어하는 이들을 돕고자 하는 선의가 또 다른 선한 의지를 불러 모아 서로를 살리면서 스스로도 설 수 있게 된 셈이다. 상생의 조건이 자립이 아니라 자립의 조건이 상생임을 새삼 깨닫게 된다. 대숲의 대나무들처럼.

자립에 대한 강박증에서 벗어날 필요가 있지 않을까. 우리는 사랑하고 사랑받으면서 살아야 하는 존재들이다. 서로 기대어 사는 것이 삶의 본래 모습이다. 서로에게 뿌리를 내리고 에너지를 주고받을 때 가지를 하늘 높이 뻗을 수 있다. 뿌리를 내리지 못하면 날아오를 수 없다. 진정한 자유 또한 그러한 관계의 그물망 안에서 꽃을 피운다. 친밀한 관계가 사라진 자유로운 삶이란 사실 공허한 삶이 아닌가. 파랑새는 쫓아가서 잡을 수 있는 것이 아니다. 뿌리를 내리고 날개를 펼칠 때 내 안의 파랑새가 날아오른다. 뿌리와 날개는 함께 자란다.

우정의 혁명성

학교는 우정을 길러주는가

얼굴이 꽤 알려진 한 정치인이 바닷가를 거닐고 있는데, 마침 어떤 노인이 게를 잡고 있었다. 잡아서 구럭 안에 넣어둔 게들이 서로 먼저 밖으로 기어 나오려고 다리를 버둥거리는 걸 보면서 정치인이 말했다.

"뚜껑을 닫아둬야겠소. 게들이 밖으로 다 기어 나오겠소."

그러자 노인이 웃으면서 대꾸했다.

"걱정 마시오. 저 게들도 정치인들을 닮아 한 마리가 먼저 기어 오르면 다른 놈들이 기를 쓰고 끌어내리니까 말이오."

정치판만 그럴까. 우리네 학교나 사회도 비슷한 모습이 아닐까. 서로가 잘되도록 돕기보다 못되기를 은근히 바라는 것이 학교와 사회의 문화가 되다시피 했다. 정치판은 그 모습이 좀 더 적나라하게 드러나는 곳일 뿐이다.

하지만 학교가 아무리 아이들 사이를 갈라놓아도 마음 맞는 친구를 찾는 아이들의 안테나는 워낙 예민해서 어떻게든 친구를 찾아내고야 만다. 어쩌면 학교라는 닫힌 공간에서 살아남기 위한 몸부림인지도 모른다. 학교에서 형성되는 복잡한 친구관계의 내막을 들여다보면 집단 안에서 살아남기 위한 아이들 나름의 본능적인 생존게임 양상을 엿볼 수 있다. 개중에는 친구 찾기에 실패해서 마침내 왕따를 당하는 아이들이 있는데, 왕따는 달리 보면 아이들이 살아남기 위해 만들어낸 희생양 같은 존재이다.

그래도 대부분의 아이들에게는 학교가 세계의 전부이다시피해서 좋든 싫든 학교 말고는 친구를 사귈 데가 없는 실정이다. 친구가 있어서 그나마 학교생활을 견디는 아이들이 대다수다. 어른들은 흔히 '그리운 학창시절'이라고 말하지만, 냉정히 돌아보면 학창시절에서 좋았던 기억은 그렇게 마음 맞는 친구들과 어울려 지낸 기억들일 것이다. 영화 〈써니〉의 제목처럼 친구들이 있어 햇살처럼 빛날 수 있었던 시절이다. 시골에서는 학교를 오가는 길에서 우정이 싹트고 자라는 수가 많았다. 강둑 길, 논둑 길을 따라 멀게는 한 시간씩 함께 학교를 오가면서 장난도 치고 선생님 욕도

하다 보면 우정이란 것이 스멀스멀 피어나는 것이다.

흔히 고등학교 친구가 가장 좋은 친구라고 말하는 것은 그 시기가 인생에서 애인보다도 친구를 더 찾는 시기이고, 아직 이해득실을 따지는 사회생활에 물들지 않아 비교적 평등한 환경에서 서로 조건 없이 만날 수 있기 때문일 것이다. 이십대부터는 이성에 몰두하느라, 또 사회생활에서 머리를 굴리느라 친구를 사귀기가 점점 어려워진다. 하지만 이제는 고등학교도 우정을 키우는 데 결코 좋은 환경이 아니다. 내신제도가 생기고부터는 아이들 사이에서 노트도 서로 빌려주지 않기에 이르렀으니 말이다.

그래도 학교가 아니면 어떻게 그런 친구들과 선생님을 만날 수 있겠냐고 말하는 이들이 있지만, 학교가 그렇게 아이들을 하루 종일 잡아놓고 있지 않는다면, 또 그렇게 경쟁하도록 몰아붙이지 않는다면 더 좋은 친구들을 사귀고 더 다양한 사람들을 만날 기회가 열리지 않을까? 학교만이 아이들에게 친구와 선생님을 만날 기회를 준다고 말하는 것은 마치 들판에서 자라는 풀을 비닐하우스 안에다 옮겨놓고서 날마다 수돗물을 주는 사람이 마치 자기 덕분에 풀이 말라죽지 않는 거라고 말하는 것과 다를 바가 없다. 학교만이 물을 줄 수 있는 것은 아니다. 그리고 수돗물보다 더 좋은 물이 세상에는 많이 있다.

하지만 도시화한 현대사회에서 수돗물에 의지하지 않을 수 없는 것이 오늘날의 현실이다. 학교제도는 대부분의 아이들이 맞닥뜨린 현실이기도 하다. 대안학교처럼 마을 상수원을 개발해 생수에 가까운 수돗물을 공급할 수도 있지만 공교육은 그러기가 힘들다. 수돗물의 수질을 높이는 방안을 찾아야 한다. 그 길이 아이들 삶의 질을 높이는 길이자 우리 사회의 수준을 높이는 길이다. 친구 관계는 십대 시절에 끝나는 게 아니라 평생을 함께하기 때문이다. 아이들에게서 친구를 뺏고 무엇을 준들 그 삶은 허전하기 마련이다.

우정과 연정

십대가 우정의 시대라면 이십대는 연정의 시대라 할 만하다. 이십대가 되고부터 애인 없는 사람은 상당한 콤플렉스를 느끼게 된다. 십대에 견주면 이십대에는 친구의 효용가치가 애인의 가치에 비해 한참 뒤처진다. 피가 뜨거운 십대시절 억눌러둔 (이)성애가 폭발하면서, 또 결혼이라는 인생 중대사를 앞두고 모든 감각이 이성에게로 향하면서 친구는 연애상담자 정도에 머물게 된다.

요즘 세상에 애인 없는 이십대는 뭔가 좀 모자란 사람 취급을 받기 십상이지만 친구가 없다 해서 그다지 곤란을 겪을 일은 없다. 문명이 발달할수록 친구의 효용가치는 줄어드는 것 같다. 멀리서 벗이 찾아오기를 기다릴 필요 없이 마음만 먹으면 언제든지 버튼을 누를 수 있는 휴대전화가 손 안에 있고, 언제든 켰다 끌 수 있는 컴퓨터도 있고, 텔레비전과 게임 등… 혼자서 놀 거리도 다양하다. 이전에는 이런 물건들도 없었을 뿐더러, 십대들의 연애가 사실상 금지되다시피 했고, 성인이라 해도 애인 없는 사람이 더 많았던 만큼 연령대를 불문하고 친구의 효용가치가 상대적으로 매우 높은 편이었다. 함께 영화를 보러 가거나, 수다를 떨 친구가 있느냐 없느냐는 삶의 질을 좌우하는 매우 중요한 요소였다. 하지만 이제는 원하면 언제든지 함께 수다 떨 채팅 상대를 찾을 수 있고, 혼자서 영화관 가기 뭣하면 노트북으로도 얼마든지 영화를 볼 수 있다. 이처럼 친구를 대신할 거리들은 늘어났지만 애인을 대신할 거리는 예나 지금이나 별로 없다.

하지만 아무리 세태가 바뀌어도 연정보다 우정의 수명이 대체로 더 길지 않을까. "남녀 간의 사랑은 아침 그림자 같아서 점점 줄어들지만, 우정은 저녁 그림자같이 인생의 해가 질 때까지 계속된다"는 말이 있다. 연정은 쉽게 뜨거워지는 만큼 쉽게 식기도 하는 반면, 우정은 뜨거워지지는 않지만 그 온기가 체온처럼 한결같다. 연정이 우정을 닮아가면 장수 커플이 될 수 있을 것이다. 상대방의 인간적인 약점을 알고서도 동병상련의 정으로 보듬어줄 수 있으면 오래도록 함께 걸어갈 수 있다.

그런데 우리 사회는 연애는 공공연히 부추기지만 우정은 그다지 부추기지 않는다. 연애는 장사에 도움이 되는 데 비해 우정은 아무리 부추겨도 장사가 안 되기 때문일까? 연애는 여러모로 소비적인 활동이기에 국민총생산 지수를 올리는 데 상당한 기여를 한다. 밸런타인데이 때 한몫 보는 초콜릿 산업은 새 발의 피다. 의류산업, 화장품산업, 외식업, 숙박업, 성형산업, 다이어트 산업, 나아가 결혼을 둘러싼 수많은 업체들, 연애를 부추김으로써 이들이 올리는 수익은 막대할 것이다. 반면에 우정은 돈이 될 소지가 별로 없다. 주류업체나 술집의 매상을 올리는 데 보탬이 되는 정도가 아닐까.

결혼을 전제한 연애상대를 전문적으로 알선해주는 중매회사가 성업중이다. 교대나 사범대 졸업반이 되면 여학생들에게는 무료 혜택을 주면서 가입을 권하는 전화가 곧잘 걸려온다고 한다. 여교사가 결혼 시장에서는 여의사보다 더 우선순위인 것이 요즘 세태다. 그럴듯한 평생직장을 보장해주는 교사자격증이 아니라도 무엇이든 남들 앞에 내놓을 거리가 있는 사람이라면 A급부터 D급까지 순위가 매겨져 있는 시장에서 자신에게 맞는 짝을 구매해 연애를 시작하는 일은 그리 어려운 일이 아니다.

하지만 세상이 아무리 바뀌어도 좋은 친구를 맺어주는 업체가 생겨나기는 어려울 것이다. 우정은 그 본질에서 조건을 따지지 않는 법이다. 우정은 상대의 장점보다는 오히려 서로의 약점을 공유하는 데서 싹틀 때가 많다. 물론 연정도 무조건적일 수 있지만, 우정은 그 본질에서 더 무조건적이다. 누군가를 중매로 만나 외모에, 돈에, 집안에 끌리다가 차츰 진실한 감정이 생겨날 수도 있겠지만 우정은 결코 그렇게 생겨나지 않는다. 서로의 조건을 따지는 관계가 진정한 연애로 이어지기도 쉽지는 않겠지만, 우정은 애초에 생겨날 여지도 없다.

우정은 위험하다

남녀 간의 애정에 비하면 우정은 사회적으로도 장려되는 정서가 아니다. 해마다 연말이면 열리는 동창회도 사실상 우정을 북돋우는 자리는 아니다. 사회생활에 필요한 인맥을 유지하거나 동창들 앞에서 은근히 자기자랑을 하기 위한 기회이기 십상이다. 또는 남몰래 좋아하던 이성친구를 찾는 자리가 되기도 한다. 한때 아이러브스쿨이나 싸이월드 같은 인터넷 사이트들의 성공이 동창들의 우정에 기반한 면이 없지 않지만, 그 관계는 깊은 우정이라기보다 인연의 끈을 확인하는 정도가 아닐까. 혼자가 아니라는 느낌, 자신에게 관심을 보이는 이들이 있다는 사실을 확인함으로써 위안을 얻기도 했을 것이다.

서로 뜻이 맞는 경우 우정은 일을 도모하는 데 큰 힘이 된다. 때로 우정은 사회적으로 '위험한' 정서가 될 수도 있다. 남녀 간의 애정은 극단적인 경우라 해도 동반자살 정도에 그치지만, 우정은 자칫 혁명으로 이어질 수도 있기 때문이다. 마르크스와 엥겔스, 레닌과 트로츠키, 카스트로와 체 게바라 같은 세기의 만남은 아니어도 우정과 동지애는 세상을 바꾸는 데 큰 동력으로 작용한다. 대 안교육운동 또한 뜻을 함께하는 부모와 교사, 아이들 사이의 우정 과 동지애에서 힘을 얻고 있다고 봐도 좋을 것이다.

연애는 밀실로 이어지지만 우정은 광장으로 나아가는 속성을 띠고 있다. 연애하는 사람들은 둘만의 공간을 찾게 되고, 서로에 게 빠져들수록 주위 세계에 대한 관심이 옅어지는 반면 우정은 본 질적으로 밀실을 거부하고 세상과 소통하는 쪽으로 나아간다. 전 체주의 사회에서도 연애는 장려되는 것이, 사회적으로 위험할 것 이 없기 때문이다. 오히려 연애는 욕구불만을 해소하는 데도 도움 이 되어 사회를 안정시킨다.

우정이 사회적으로 확대되면 '연대'로 나타난다. 손에 손을 맞 잡고 다 함께 잘 사는 세상을 만들고 싶어진다. 때문에 우정은 전 체주의 사회일수록 조심스럽게 취급된다. 군대에서 강조되는 '전 우애'도 따지고 보면 충성심과 복종심을 해치지 않는 정도에서 장 려될 뿐이다. 연병장에서 하는 선착순 달리기가 전우애를 키우는 데 도움이 된다고 생각하는 병사는 없을 것이다. 전우애가 상관에 대한 복종심을 넘어서면 아마도 군대는 하극상으로 하루도 잠잠 할 날이 없을 것이다.

그런 점은 학교도 마찬가지 아닐까? 12년, 아니 16년 동안 '선 착순 달리기'를 하는 것이 사실상 학교교육의 실상이다. 중학교 입학 시점이 선착순의 반환점인 축구 골대 지점이라면, 헉헉거리

31

며 선착순으로 번호를 외치는 고3 즈음이 되면 다리가 후들거리
고 입에서는 단내가 나기에 이른다. 한 명이라도 더 따돌리기 위
해 서로 밀치듯이 뛰어와 가쁜 숨을 몰아쉬며 일, 이, 삼, 사… 번
호를 외치고는 안도의 한숨을 내쉬고 있을 즈음이면 다시 호각소
리가 들린다. "취업 골대 돌아 선착순 열 명! 삑!" 만인에 대한 만
인의 투쟁을 몸으로 익히는 이런 환경이 우정을 키우는 데 과연
얼마나 도움이 될까? 친구를 사귀는 일보다 따돌리는 일이 더 권
장되는 곳에서 우정을 이야기하는 것은 낯간지러운 일이다.

학교에서 '선생님 말씀 잘 듣기'를 그토록 강조하는 것은 선생
님의 말씀이 그만큼 값진 것이어서가 아니라 말 잘 듣는 인간을
기르는 것이 학교교육의 주된 목적이기 때문이다. 선생님 말씀 잘
듣는 것이 우정보다 더 가치 있는 일이다 보니, 단지 수업시간에
떠들었다는 이유만으로도 선생님의 명령에 따라 친한 친구끼리
서로 뺨을 때려야 하는 일까지 벌어지는 것이다. 이처럼 무지막지
한 방법 말고도 학교는 다양한 방식으로 아이들 사이를 교묘하게
이간질하고 서로를 견제하게 만든다.

우정과 혁명

오늘날 학교가 이처럼 곪아 있으면서도 비교적 안정되어(?) 있
는 것은 무엇보다 '선착순 달리기 효과' 때문일 것이다. 억압 상황

에 놓여 있는 아이들이 자신들의 처지를 개선하기 위해 함께 손을 잡기보다는 경쟁하도록 만듦으로써 우리 사회와 학교는 아이들을 교묘하게 통제하고 있는 셈이다. 한때는 혁명의 주축이었던 고등학생들이 일제히 대학 문 앞에 선착순으로 줄을 서고부터는 더 이상 사회적으로 위험한 세대가 아니게 되었다. 사회문제에 관심을 갖지 않을 뿐더러, 자신들의 문제조차도 외면하기에 이르렀다.

학교는 아이들이 서로 너무 가까워지는 것을 꺼리는 경향이 있다. 많은 수의 아이들을 통제하기 위해서이기도 하겠지만, 아이들끼리 작당해서 뭔가 일을 저지를까봐 우려해서이기도 할 것이다. 중고등학교가 우정을 북돋우는 곳이 아니라는 사실은 학칙에서도 드러난다. "친구들 모임을 주선한 학생은 처벌할 수 있다" "필요 없이 친구 간 가정방문을 피한다" 따위의 황당한 학칙을 그대로 두고 있는 중고등학교도 있다. 이는 일진회 같은 학교 내 폭력 조직이 생겨나는 것을 경계해서라기보다 4.19와 같은 학생운동의 경험을 통해 십대의 우정이 갖는 위험성을 경계한 데서 비롯된 것이리라.

서구의 68혁명이 고등학생들로부터 비롯되었고, 한국의 4.19 혁명 또한 고등학생이 주축이었다. 당시만 해도 대학은 특별한 이들이 가는 곳이었고, 고등학교 졸업장만 있어도 사회에서 인정받는 상황이었기에 적어도 고등학생들 사이에서는 선착순의 열기가 그렇게 뜨겁지 않았고 연대의식이 싹틀 여지가 많았다. 한국사회에서 70~80년대 대학생들이 사회문제에 그렇게 관심을 가질 수 있었던 것도 60년대 고등학생들의 상황과 비슷한 맥락에서 이해할 수 있다.

90년대 이후 대학생들의 사회참여가 약화된 것은 비단 사회적 이슈의 약화나 운동판의 분열, 사회주의의 몰락 때문만은 아닐 것이다. 누구나 마음만 먹으면 대학을 갈 수 있는 상황이 되면서 대학 졸업장의 효력이 현저히 떨어졌고, 취업전선에서 대학생들조차 선착순 달리기를 하지 않으면 안 되는 상황이 빚어지면서 대학생들의 연대의식이 약화된 데 더 큰 원인이 있을 것이다.

그러나 시대는 계속 변한다. 오늘날 중고등학생들이 처한 상황도 미묘하게 바뀌고 있다. 선착순의 열기가 아직 가시지는 않았지만, 이전과는 다른 양상이 엿보인다. 대학은 더 이상 좁은 문이 아니어서 마음먹기에 따라서는 이전처럼 선착순에 열을 올리지 않아도 되게 되었고, 대학 졸업장이 힘을 잃어가면서 고등학생들이 대학에 목을 매지 않을 수 있는 여지가 더 넓어지고 있다. 최근 촛불시위에 중고등학생들이 활발히 참여하고 있는 것도 이런 흐름의 연장일 것이다.

진심으로 학교가 바뀌기를 바란다면, 더 나아가 세상이 바뀌기를 바란다면 먼저 중고등학교에서 우정이 싹틀 수 있는 여지를 넓힐 일이다. 간디학교에서 몇몇 아이들이 '활빈당'을 만들어 노는 것처럼 아이들끼리 어울릴 수 있는 여지가 넓어지는 만큼 학교도 건강하게 바뀌어갈 것이다. 비록 활빈당이란 이름에 걸맞지 않게 밤중에 '뽀글이'나 해먹으면서 학교질서를 어지럽히는 수준이라 해도, 아이들이 자신들의 목소리를 낼 수 있는 힘을 기른다는 것이 중요하다.

일반학교에서 아이들의 동아리 활동이 활발해지고 시험성적에 목매기보다 자신과 주변을 돌아보는 시간을 가질 수 있으면 우정과 함께 '위험한' 연대의식이 싹틀 것이다. 기성세대가 이를 감수할 의지가 있느냐가 관건이다. 아이들이 서로 손을 잡고, 그 손을 교사와 부모들이 함께 잡는다면 학교도 바뀔 것이다. 아이들이 자기 삶의 주인이 될 때 교사도 부모도 제 삶을 온전히 살 수 있다.

자유를 향한 교육

자연과 자유

'자유'는 교육의 오랜 화두이다. 이는 곧 자유가 우리네 삶의 화두이기 때문일 것이다. 자유에는 여러 가지 성격이 있다. 경제적 자유, 사회적 자유, 정치적 자유, 정신적 자유, 그리고 정신을 넘어선 차원의 자유도 있다. 대부분의 사람들에게 자유가 갖는 의미는 앞의 세 경우일 것이다. 세상살이에서 그 자유를 누릴 수 있으려면 무엇보다 돈이 있어야 한다. 원하는 교육을 받는 데도 돈이 들고, 자유교육을 하는 데도 돈이 든다. 이 세상에서 돈은 곧 자유의 물화物化라고 할 만하다.

'돈'이 보장하는 자유는 감옥에 갇힌 사람의 경우에 가장 극명하게 드러난다. 보석금 낼 돈이 있으면 당장 신체의 자유가 주어진다. 정신의 자유도 돈과 아주 무관하지 않다. 이는 자본주의사회에서만 그런 것이 아니다. 동서고금을 막론하고 어떤 사회에서나 돈과 자유는 내연의 관계를 맺고 있다. 사람들이 이처럼 돈을 밝히는 까닭은 결국 자유롭게 살기 위해서일 것이다. 갖고 싶은 것을 가질 수 있는 자유, 가고 싶은 곳에 갈 수 있는 자유, 하고 싶은 것을 할 수 있는 자유를 누리고 싶어 돈의 노예가 되어 사는 것이 보통 사람들의 삶이다.

물론 돈이 보장할 수 없는 자유도 있고 권력도 어찌할 수 없는 자유도 있다. 알렉산더가 디오게네스를 부러워했던 것도 그런 자유 때문일 것이다. 인간은 태어날 때 누구나 자연인으로 태어나지만 자아가 생겨나면서 그 자연성을 잃어버린다. 흔히 말하는 '미운 일곱 살'은 '나'가 없는 자연인에서 개체성을 지닌 한 개인으로 넘어가는 경계 지점이다. 그리고 열네 살 즈음이 되면 개성이 굳어지면서 스스로 만든 감옥에 갇힌다. 이 자아의 감옥에서 벗어나는 일은 쉽지 않다. 천신만고 끝에 개성의 벽을 넘어서 다시 자연성을 회복하면, 그때는 자연인을 넘어서 자유인이 된다.

성경은 "너희가 다시 어린아이처럼 되지 못하면 하늘나라에 들어가지 못할 것"이라고 말한다. 흔히 우리는 '자기다움'을 추구하지만, 궁극적으로는 자기 자신으로부터 자유로워지는 것이 우리의 바람이 아닐까. 개성은 우리가 추구하는 바이지만, 넘어서야 할 벽이기도 하다. 강을 건너는 배 같은 것일 수 있다. 참된 교육은 그 강을 무사히 건너갈 수 있게 도와주는 일일 것이다. 슈타이너가 말한 '자유를 향한 교육'은 그런 것이 아닐까.

'개성을 살리는 교육'에도 한참 미치지 못하는 우리 교육의 현실로서는 '자유를 향한 교육'에 다가가는 일은 꿈도 꾸기 어려운 것이 사실이다. 그럼에도 우리는 그 꿈을 꾼다. 자유학교를 만들고, 자신은 부자유 속에서 몸부림을 치지만 적어도 아이들만큼은 나보다 좀 더 자유로운 삶을 살기를 바라면서 하루하루를 살아낸다. 과연 이 시대 우리 사회에서 자유교육은 얼마나 가능할까. 진정한 자유교육은 또 어떤 모습일까?

'자유'와 '교육'은 본질적으로 긴장관계에 있다. 교육활동은 자유를 구속할 수밖에 없는 내재적 속성을 지니고 있기 때문이다. 그런 의미에서 '자유교육'은 모순을 내포한 말이다. 진실이 흔히 역설과 모순 속에 있듯이, 이 역설적인 표현 속에 교육의 본질이 숨어 있는 것인지도 모른다.

자유교육에서 자유의 정체는 무엇일까? 그 자유는 누구의 자유일까? 자유를 교육하는 것일까, 교육을 자유롭게 하자는 것일까? 아이들에게 자유를 주는 교육을 하는 것일까, 아니면 자유로울 수 있도록 도와주는 교육을 하자는 것일까? 서머힐학교가 아이들에게 자유를 주는 것을 지향했다면 발도르프학교는 자유인을 기르고자 하는 지향점을 갖고 있다고 볼 수 있다. 방법론에서는 달랐지만 삶을 사랑하는 인간으로 자라도록 돕는 교육을 지향한 점에서는 다르지 않다고 본다.

우리말 '자유'는 개념이 분화되지 않은 낱말이다. 영어 free가 '탈'의 자유라면 liberal은 '향'의 자유에 가깝다. 서구의 68세대, 한국의 386세대가 주축이 된 프리스쿨운동은 기존 학교를 벗어나 자신이 원하는 교육을 할 수 있는 자유를 추구해왔다고 할 수 있다. 아이들은 '프리'를 추구하고 부모들은 '리버럴'을 추구한 셈이다. 하지만 이 자유는 대체로 중산층이 누릴 수 있는 권리였다는 점에서 보편교육이 되기에는 한계가 있었다.

보편교육을 지향한 근대학교는 불행히도 아이들을 자유로운 존재로 키우기 위해 만들어진 기관이 아니다. 근대화 과정에서 아이들이 석탄이나 석유 같은 유용한 '자원'이 되도록 교육하는 곳에 더 가까웠다. 말 잘 듣는 노동자나 군인이 될 아이들에게 필요한 것은 주어진 규칙과 권위에 대한 복종심이지 자유가 아니었다. 근대학교에서는 교사도 학생도 '위에서' 시키는 대로만 하면 칭찬이 따르고 보상이 주어졌다. 본회퍼가 지적했듯이, 나치가 수많은 유태인들을 학살하면서도 양심의 가책이나 책임을 느끼지 못한 것은 근대 학교교육의 결과이기도 하지만, 권위주의 체제에서는 언제 어디서나 일어날 수 있는 일이다.

근대학교가 길러준 복종심은 사실상 중세교회가 사람들에게 심어주었던 권위에 대한 복종심을 세속화한 것이다. 그 시절 유럽의 마녀사냥이나 십자군전쟁 또한 '위에서 시켜서' 저질러진 일이다. 신의 권위에 기반을 둔 체제에서 결국 모든 책임은 '저 위에 계신' 신에게 돌아간다. 한 마디 변명도 할 수 없는 애꿎은 신에게로. 신의 자리에 국가와 민족이 들어서고, 애국애족심이 신앙심을 대신하기에 이르자 이제는 자신의 행동에 대한 책임을 '국가와 민족'이라는 대의의 몫으로 돌리면서, 신만큼이나 실체가 잡히지 않는 그 무엇 뒤로 숨어버린다. 이렇듯이 보통사람들은 언제나 숨을 곳을 찾고, 그런 심리를 꿰뚫어보는 이들은 자비롭게도 언제나 숨을 곳을 마련해준다.

자유와 자율

근대국가가 헌법에 기초하여 유지되듯이, 근대도시는 도로교통법이라는 법규에 의해 질서를 유지한다. 대도시의 핏줄이라고 할 수 있는 도로는 곳곳에서 동맥경화증에 정맥류를 앓고 있고, 하루에도 수십 건의 크고 작은 사고들이 일어나지만, 그래도 그럭저럭 소통이 이루어지고 도시가 유지되는 것은 수많은 위반사항을 규제하는 도로교통법 덕분일지도 모른다.

그런데 현대도시들 중에는 도로교통법규의 전제라 할 수 있는 신호등조차 없는 도시들이 있다. 뉴질랜드의 중소도시는 대부분 교차로에조차 신호등이 없다(한 가지 불문율은 오른쪽에서 진입하는 차에 무조건 양보한다는 것이다). 독일, 영국, 덴마크 같은 유럽의 제법 큰 도시에서도 비슷한 실험을 하고 있다. 독일의 마킹카 시내 진입로에는 '교통표지판 없음'이란 안내문이 걸려 있고, 시내에는 신호등은 물론 도로의 중앙선조차 없다. 아무런 표시도, 신호도 없는 까만 도로 위를 차들이 조심스럽게 달린다. 인구가 4만 5천 명이나 되는 네덜란드 드라체텐시에서도 교통신호등을 절반 이상 없앴는데, 오히려 교통사고가 훨씬 줄었다고 한다.

이 프로젝트를 처음 기획한 교통공학자 한스 모더맨은 "교통신호를 없애면 무엇보다 운전자가 책임감을 갖고 사려 깊게 행동하게 된다"고 말한다. "도로 위에 규칙이 많을수록 사람들의 사회의식과 책임감은 줄어든다"는 것이다. 외부에서 주어진 규칙이 아닌 내면의 규칙에 따른 질서가 더 고차원의 질서를 낳는 법이다.

오늘날 대부분의 도시에는 신호등과 도로표지판의 종류가 갈수록 늘어나고 규칙도 복잡해지고 있다. 도로의 신호 종류만도 600개가 넘는다는 조사결과가 있을 정도다. 하지만 실제 교통신호 중 70퍼센트는 운전자에 의해 거의 무시되고 있다는 연구결과도 있다(학교교칙도 상황이 비슷할 것이다). 신호가 지나치게 많으면 운전자들은 수시로 신호위반의 경계를 넘나들거나 주어진 조건에서 최대한 빨리 가고자 서두르게 되면서 오히려 사고의 위험이 높아진다고 한다.

교통신호 없는 도로 시스템의 원리는 운전자의 자유를 최대한 보장하는 대신에 더 책임감 있게 행동하도록 유도하는 것이다. 도로에서 신호등이 사라지면 사고가 빈발하고 도로가 막혀버릴 것 같지만 실험결과는 그렇지 않다. 신호가 잘 갖춰진 도로에서는 오히려 신호에만 신경을 쓰면서 조금이라도 더 빨리 가기 위해 작은 위반행위를 일삼게 되지만, 도로 상황이 불확실해지면 더 조심하면서 주위를 잘 살피는 것으로 나타났다.

교통전문가들은 신호 없는 도로에 회의적이었고, 특히 규칙에 익숙한 독일인에게 무신호 시스템은 작은 마을에서나 가능할 것이라고 봤지만, 1만 4천여 명이 사는 봄멧시에서도 점차 차도와 인도의 구분을 없앴더니 사고가 줄어들고 교통 흐름이 나아지고 있다고 한다. 교통지옥으로 유명한 런던도 이 시스템에 관심을 갖고 킹스톤 지역에서 제한적인 무신호 실험에 착수했다고 한다.

따지고 보면 모든 교통신호는 사실상 사람들에게 이래라 저래라 하는 잔소리인 셈이다. 규칙 덕분에 질서가 만들어지지만, 그 규칙 때문에 오히려 범법과 무질서가 생겨나기도 한다. 횡단보도가 없다면 애초에 무단횡단도 없을 것이고, 보행자와 운전자는 그만큼 더 주의를 기울이게 된다. 물론 차와 사람들의 통행이 끊이지 않는 도심에서는 어렵겠지만, 비교적 한산한 곳에서는 그 편이 서로에게 편할 것이다.

이러한 도로상황을 학교에 적용시켜볼 수 있다. 일반학교는 마치 신호등(주로 빨간신호등)과 온갖 표지판들로 빽빽한 도로와도 같다. 여학교는 더하다. 양말 색깔, 머리핀 모양까지도 규제하는 것은 어찌 보면 오히려 위반을 부추기기 위한 작전 같기도 하다. 이런 작은 위반을 부추기는 시스템은 고도의 통제 전략과 맞닿아 있는지도 모른다. 작은 위반사항들에 끊임없이 신경을 쓰도록 만듦으로써 규율에 복종하는 심성을 기르고, 작은 위반을 범함으로써 오히려 내면에 자기검열 시스템이 강화된다.

아이들이 머리를 규정보다 1센티를 더 기르거나 숨어서 담배를 좀 핀다고 해서 학교의 통제 시스템이 흔들릴 일은 없다. 그런 위반은 오히려 체제유지에 도움이 될 뿐이다. 작은 일탈을 통해 아이들은 위장된 해방감을 느끼면서 내면으로는 통제체제에 길들여진다. 시스템에 대한 근본적인 반란, 곧 반체제를 도모하는 것은 엄두조차 내지 못하게 되고, 기껏해야 체제 주변부에서 얼쩡거리는 신세가 될 뿐이다.

신호등이 사라진 도로처럼 잔소리 없는 학교를 만들려면 어떻게 해야 할까? 먼저 우리가 진정으로 아이들이 책임감을 갖고 자율적으로 행동하기를 바라는지 스스로 한번 반문해볼 일이다. 만약 그렇다면 무엇보다 학교의 규모가 작아져야 할 것이다. 대도시의 도심에서 신호등을 없앨 수는 없듯이, 한정된 공간에서 수천 명이 와글거리는 대규모 학교에는 외부에서 강제되는 규칙이 없을 수 없다. 하지만 그런 학교라 해도 신호가 불필요하게 많으면 오히려 소통이 어려워질 수 있다. 아이들을 길들이기 위한 목적이 아니라면, 서로의 원활한 소통을 위해 필요한 최소한의 신호만 두는 것이 더 나을 것이다. 학교의 민주화는 그렇게 소통을 원활히 하는 과정이자 그 결과이기도 하다.

자유와 교육

대안학교는 말하자면 신호등 없는 자율시스템 도로 같은 곳이다. 하지만 그렇다고 해서 규칙이 없는 것은 아니다. 서머힐학교만 해도 규칙이 수백 가지나 된다. 모두 아이들이 전체회의를 거쳐 스스로 만든 규칙들이다. 공동체생활을 하려면 개인의 자유를 적절히 규제하지 않으면 안 되기 때문이다.

일전에 어느 공동육아 어린이집에서 초등 대안학교 설립을 의논하기 위해 부모들이 회의를 하고 있었다. 부모를 따라온 아이들이 2층에서 놀고 있었는데, 한 남자아이는 계단에서 공을 가지고 놀았다. 공이 계단을 통통 굴러 내려오면 아이가 달려와서 가져갔다. 그게 몇 차례 반복되자 앞자리에 앉아 있던 사람이 아이에게 다가가 회의에 방해되지 않도록 2층에서 놀라고 했다. 그러자 그 아이가 힐끗 쳐다보면서 말했다. "왜요? 제 맘인데요!"

이 아이의 모습이 자유로운 아이의 모습은 아닐 것이다. 공동육아 어린이집의 경우 아이들이 부모들과 자연스럽게 어울려 지내다보니 경계가 애매해지는 경우가 종종 생기는 듯하다. 부모들 서너 명이 이야기를 나눌 때 아이들이 수시로 들락거리며 무릎에 앉기도 하는 건 자연스런 일이다. 그렇게 대여섯 명이 모이고, 여남은 명, 스무남은 명이 모이고… 그러다 보니 아이도, 어른도 함께 어울려도 좋을 자리와 방해해서는 안 될 자리를 분간하지 못하게 된다.

건물을 새로 지은 지 얼마 되지 않은 한 대안학교 음악실에서 어린아이들이 북을 가지고 놀고 있었다. 두드리며 노는 것이 아니라 바닥에 북을 눕혀 썰매처럼 밀고 다니면서 서로 부딪치기도 했다. 북이 금방 못쓰게 될 게 뻔했다. 그런데도 교사는 이를 제지하지 않았다. 북을 다양한 용도로 활용하는 아이들의 창의성(?)을 높이 사는 건지 모르지만, 그런 창의성은 결코 장려할 만한 것이 아니다. 다른 학교에서는 악기나 비싼 기자재가 있는 방을 잠가두고 필요할 때 열쇠를 빌려가게 하고, 쓰고 나서는 책임지고 정리한 뒤 문을 잠그도록 한다. 뒷정리를 제대로 못했을 때는 다음에 쓸 수 없도록 규칙을 정하고 있다. 물론 아이들이 함께 정한 규칙이다. 아이들이 먼저 이런 규칙을 정하지 않더라도, 교사가 제안할 수 있다. 악기나 기자재가 망가지면 수업을 할 수 없고 또 새로 구입하려면 돈이 얼마나 들어야 하는지 아이들이 납득할 수 있도록 설명해줘야 한다. 사실 그런 것들이 더 중요한 배움이다.

서머힐의 설립자 닐이 말했듯이 아이들은 별 생각 없이 새 피아노에 조각칼을 갖다 댈 수도 있지만, 그걸 보고만 있는 것은 자유로운 교육이 아니라 방치다. 권위적인 환경에서 자란 사람들 중에는 그 반작용으로 스스로 탈권위적인 부모가 되고자 노력하다 오히려 아이에게 휘둘리는 경우가 종종 있다. 가정에 충실하지 못했던 운동권 출신 부모들 중에는 부모 노릇을 잘 못하고 있다는 자책감에 아이에게 쩔쩔매는 이도 있다. 권위주의는 경계해야 마땅하지만, 가정이든 국가든 그 집단에서 리더 역할을 해야 하는 사람은 그 역할에 주어진 권위를 적절히 행사할 줄 알아야 한다.

자유와 방종의 경계를 분간하지 못하는 아이들, 자라면서 어떤 일을 책임지고 해본 경험도 없고, 제 하고 싶은 대로 하면서 자란 아이들, 또는 적당히 눈치를 보면서 시키는 대로 공부하는 척하며 요령껏 자란 아이들에게 자유교육은 흔히 약이 되기보다 독이 되기 십상이다. 사실 웬만큼 건강한 아이라 하더라도 자유는 감당하기 힘든 짐이다. 공동체 구성원으로서의 책임 있게 행동하는 일도 쉽지 않지만, 자기 삶에 대한 책임을 지는 일은 더 어렵다.

하루 24시간을 스스로 책임지는 일은 어른도 쉽지 않다. 많은 사람들이 일요일의 자유를 텔레비전에게 넘겨주기 일쑤다. 스스로는 시간을 자유롭게 쓴다고 여길지 모르지만, 그 자유는 텔레비전이 잡아먹어버린 자유의 빈 껍질일 뿐이다. 성장과정에서 자유를 제대로 경험해보지 못한 십대들의 경우 자유를 감당할 수 있는 아이들은 많지 않다. 자유에 따르는 책임을 질 수 있을 만큼의 성숙함을 십대 시절에 기대하기 어렵기도 하지만, 자유와 책임을 한

번도 감당해보지 않은 아이들이라면 더욱 그렇다.

교사는 아이들이 자유의 함정에 빠지지 않도록 도와줄 수 있어야 한다. 아이들의 자발성과 선택권을 존중하는 차원에서 자신이 원하는 것을 하게 하면, 아이들은 이것저것 조금 해보다 금방 싫증을 느끼고 아무것도 제대로 하는 것 없이 시간을 흘려 보내는 수가 많다. 어떤 가치 있는 일을 배우는 과정에는 반드시 난관이 있기 마련이고 그 고비를 넘어설 수 있게 돕는 것이 교사의 역할이다.

흔히 "마음 가는 대로 살라"고 한다. 워낙 이 눈치 저 눈치 보면서, 사는 것 같지 않게 사는 사람에게 이 말은 매우 솔깃하게 다가온다. 하지만 우리의 마음은 원체 자기합리화를 잘해서 자신이 가는 길이 언제나 최선의 길이라는 착각을 하게 만든다. 그래서 이 핑계 저 핑계 대면서 마음 가는 대로 가다 보면 아무 데도 이르지 못하는 수가 종종 있다.

'마음가는대로'는 결코 자유에 이르는 탄탄대로가 아니다. 마음 가는 대로가 아니라 오히려 마음에 휘둘리지 않음으로써 우리는 자유에 더 가까워질 수 있다. 그 길은 대로가 아니어서 무리지어 갈 수 있는 길이 아니라, 홀로 걸어갈 수밖에 없는 좁은 길이다. 인간은 더불어 살아야 하는 존재이지만 또한 홀로 죽음과 대면해야 하는 운명을 타고난 존재이기도 하다. 자유가 삶의 화두가 되는 것도 그 때문일 것이다.

'타인은 지옥'이라는 말이 있듯이, 더불어 사는 일은 결코 쉬운 일이 아니다. 모든 생명체에게 예정된 죽음을 받아들이는 일 역시 쉬운 일이 아니다. 하지만 모든 타인이 지옥은 아니다. 사랑하는 사람들과 함께하는 삶이 지옥일 수는 없다. 샤르트르의 저 말은 "타인의 시선에 얽매여 사는 삶이 지옥 같은 삶"이라는 뜻으로 한 말이었다.

타인이 지옥인 이유는 타인이 아니라 나에게 있다. 타인을 자기 잣대로 평가하고, 타인의 잣대에 자신을 맞추려 애쓰면서 우리는 스스로 지옥문을 연다. 자신으로부터 자유로운 사람은 타인의 시선에서도 자유롭다. 자신이 모두와 연결된 존재임을 알게 되면 죽음도 두렵지 않다. 자신으로부터 자유로운 만큼 우리는 주변을 더 잘 살필 수 있다. 그렇게 더불어 살아가는 힘과 홀로 걸을 수 있는 힘을 함께 길러주는 것이 자유교육의 궁극적인 모습일 것이다.

우리는 저마다 고유한 별이다

표준화된 국민 인생

『꽃들에게 희망을』. 줄무늬 애벌레 한 마리가 주인공으로 등장하는, 7080세대라면 다들 한 번쯤 봤을 법한 그림책이다. 대입 준비에 여념이 없던 수험생 시절 우연히 맞닥뜨린 이 책을 통해 애벌레의 삶과 다른 삶이 있다는 것을 직감적으로 깨닫게 되면서 꼭대기를 향해 기어오르던 동력을 잃고 말았다.

하지만 봉우리를 향해 무작정 기어오르는 무리를 거슬러 내려갈 만큼 허탈함과 깨우침이 뚜렷했던 것이 아니어서, 회의 속에서 오르던 길을 계속 기어올라가 결국 이십대를 헤매게 되었다. '이길이 아닌가' 싶었을 때 잠시 멈춰 서서 주위를 돌아보고 자신을 성찰할 수 있었더라면 이십대를 덜 헤맸을 것이다. 하지만 죽어라 기어올라가는 친구들을 보면서 혼자 여유를 갖기란 어려운 노릇이었다.

이십대 후반, 뒤늦게 지난 삶을 복기해보기 시작했다. 어디서 길을 잘못 들어섰을까. 희미한 기억의 끄나풀을 붙들고서 무의식 속에 잠겨 있던 기억들을 하나둘 끄집어내어 햇볕에 비춰보았다. 국민학교 2학년 산수 시간, 선생님에게 처음으로 손바닥을 맞고서 시험 점수에 연연하기 시작했었다. 3학년 때는 받아쓰기 시험을 보고 실수로 틀린 한 문제를 짝궁 몰래 답을 고쳤는데, 몇 해가 지난 뒤에도 그 친구네 집 앞을 지나칠 때면 늘 찜찜했었다. 시험을 앞두고 친구들이 경쟁 상대로 보였던 어느 날의 교실 풍경도 선명하게 떠올랐다.

표준말을 배우면서 적지 않게 스트레스를 받았다는 것도 새삼 깨달았다. 〈표준전과〉와 〈표준수련장〉으로 사투리를 구별하는 '수련'을 하면서, 번번이 "다음 중 표준말이 아닌 것은"을 묻는 시험문제를 풀면서 은연중에 자신이 쓰는 경상도 사투리를 부끄러워하게 되었다. 3학년 즈음부터 이미 '모범생'이 되어 있어 더욱 그랬을 것이다. 부모가 쓰는 말, 자기 할매 할배가 쓰는 말을 부끄러워하는 것은 사실상 자기 존재의 기반을 부정하는 일이다.

자신이 쓰고 있는 모국어가 사실은 '모어母語가 아닌 국어國語'라는 사실을 깨닫고서 나의 뿌리가 얼마나 부실한가를 통감하게 되었다. 근대 학교교육이 해온 일이 이처럼 뿌리 뽑힌 모범시민을 기르는 일이었다는 것을 나중에 알게 되었지만, 말과 자신이 겉도는 느낌의 뿌리를 보게 된 것은 큰 깨달음이었다. 글이 말보다 편한 이상증세의 원인도 거기에 있음을 눈치챌 수 있었다. 글은 처음부터 표준말로 익혔던 것이다. '모어'를 부정하지 않아도 되었던 셈이다.

"언어는 존재의 집"이라고 했던가. 언어의 자존감을 잃은 아이는 존재의 자존감을 지키기도 어려웠다. 그나마 범생이들은 시골뜨기의 무너지는 자존감을 성적으로나마 지탱할 수 있었지만, 시험공부가 힘든 아이들은 그마저도 쉽지 않았다. 자기 자신을 부정하면서 자란 아이가 건강한 어른으로 성장하기란 힘든 일이다. 아이들이 자기답게 자랄 수 있도록 돕는 일이 교육의 본래 모습이라면, 표준화 교육은 그 길을 가로막는 장애물이었다. 조국 근대화를 위해 표준화된 국민으로 양성된 시골뜨기 모범생이 자기를 찾기란 결코 쉬운 일이 아니었다.

아침은 집에서 '묵고' 점심은 학교에서 '먹으면서' 십 년이 넘도록 하루도 빠짐없이 학교를 다니며 마침내 표준말을 자유롭게 구사하는 '국민'이 된 끝에 길을 잃었으니, 누구를 원망할 것인가. 박정희? 국민교육헌장 맨 아래 박혀 있던 그 이름 석 자는, 헌장을 외우지 못해 손바닥을 맞아야 했던 아이들에게는 원망의 대상이었을지 모르지만 좌뇌가 발달한 모범생들에게는 '성웅 이순신'과

맞먹는 이름이었다. 뒤늦게 사회과학 물을 맛보면서 이 모든 것이 적어도 '내 탓'이 아님을 위안으로 삼을 수 있었지만, 그 위안이 길을 찾아주는 것은 아니었다. 경쟁에 유리한 조건 덕분에 "줄기찬 노력으로 새 역사를 창조"하기에 이르렀지만 결국 대학 졸업장도 중도에 포기하고 말았다.

신호등 안 지키기 훈련을 하자?

표준 신장에 미달한 적이 없었던 신체 조건과 비교적 발달한 좌뇌 덕분에 학교생활이 그다지 힘들지는 않았지만, 여러 가지 정서적인 결함들이 생겨났다. 어느샌가, 공부 못하는 친구들을 이해하지 못하는 '밥맛없는' 범생이가 되어 있었다. 공감 능력은 자라지 못하고, 우월감과 열등감이 서로 경쟁하듯 자라났다. 줄이 삐딱하면 마음이 불편해지기 시작한 게 언제부터였는지는 알 수 없지만, 운동장에서 조례 때마다 훈련한 '앞으로 나란히'에 그 뿌리가 닿아 있음을 자각하게 되었다. 자신이 있을 자리를 스스로 찾지 못하고, 앞사람의 앞사람 뒤꼭지가 보이지 않는 곳에 서야만 마음이 편해지는 모범생의 슬픈 자화상이 거기 있었다.

5학년 때 반장이 되어서는 교사의 '꼬봉' 노릇을 했던 것도 슬픈 경험이었다. 교실에서는 책상 줄을 맞추느라, 운동장에서는 친구들을 똑바르게 줄 세우느라 노심초사했던 범생이 반장은 어느

덧 '줄 노이로제'에 걸려 있었다. '줄 잘 서는' 것이 처세술의 으뜸임을 가르치려 한 것일까. 불행히도 그 처세술은 배우지 못하고 강박증만 생겼으니, 이 또한 슬픈 일이다.

모범생이 자라면 모범시민이 될까. 아마도 그럴 가능성이 높을 것이다. 하지만 모범시민이 곧 민주시민은 아니다. 공동체의 정의와 행복을 위해 스스로 판단하고 행동할 줄 아는 시민을 민주시민이라 정의한다면, 학교에서 정답과 매뉴얼대로 따르는 데 익숙해진 모범생이 민주시민이 될 가능성은 별로 없다. 살아가면서 맞닥뜨리게 되는 수많은 난관들은 유감스럽게도 한결같이 정답이 없거나 여러 개인 문제들이다. 정답이 두 개만 되어도 난리가 나는 시험 공부에 익숙한 범생이들이 이런 삶의 문제에 제대로 대처하기란 쉬운 일이 아니다. 매뉴얼이 통하지 않는 상황에서 현명하게 판단할 수 있는 능력이야말로 성숙한 시민의 자질이다.

신호등 안 지키기를 훈련할 필요가 있다는 흥미로운 주장을 하는 인류학자가 있다. 국가의 통제와 관리에 맞서 자신들의 삶을 지켜온 동남아 농민들을 오랫동안 연구해온 예일대 교수 제임스 스콧은 『우리는 모두 아나키스트다』라는 책에서 스스로 판단하고 행동하는 힘을 일상에서 기르자고 말한다. 독일에서 한밤중에 텅 빈 도로에서도 꿋꿋이 신호등을 지키는 '모범시민'들을 보면서, 스스로 판단하는 훈련을 일상에서 할 필요가 있음을 깨닫게 되었다고 한다. 규칙을 내면화하여 바깥에서 주어진 규칙에 아무 생각

없이 순응하는 모범시민들이 나치즘이 횡행할 수 있는 토양이 되었다는 본회퍼의 분석도 이와 무관하지 않을 것이다.

중소도시나 시골에는 노란색 점멸등만 있어도 될 한적한 사거리에 신호등이 서 있는 경우도 많다. 합리적이지 않은 규칙에 아무 생각 없이 따르기보다 스스로 적절히 판단해서 행동하는 훈련, 그 책임 또한 스스로 감당할 마음의 준비를 하면서 불합리한 규칙을 어기는 훈련을 일상에서 하는 것이 오히려 사회의 건강성을 지키는 민주시민의 자질을 키우는 길이 될 수 있다는 주장은 일리가 있다. "언젠가 정의의 이름으로 중요한 법을 어기라는 요청을 받게 될 때"를 대비해 "아나키스트식 유연체조"를 날마다 하자는 것이다.

하지만 공동체 법규를 위반하는 훈련을 날마다 하는 것도 어떤 면에서는 위험한 일이다. 법규를 위반하지 않으면서 그때그때 스스로 판단하고 결정하는 훈련을 할 수 있는, 신호등 없는 거리를 만드는 것을 생각해볼 필요가 있겠다. 신호등이 없으면 사람들은 스스로 더 주의하게 되고 다른 사람들을 배려하면서 적절하게 처신하는 법을 터득할 수 있다는 것이 증명되고 있다. 서구에서는 그런 실험을 하는 도시들이 점점 늘고 있기도 하다.

학교는 어떤 면에서 그런 훈련을 하는 곳이 되어야 한다. 적어도 중등과정의 교육 현장은 신호등이 늘어선 도로가 아니라 '신호등 없는 도로' 같은 곳이어야 하지 않을까. 시시콜콜한 규칙들과 신호등에 맞춰 처신하기만 하면 아무런 문제가 없는 환경은 아이들의 성장에 그다지 도움이 되지 않을 것이다. 온갖 규칙과 금지로 가득한 학교, 한 가지만 어겨도 범칙금 스티커가 날아오는 학교에서 과연 아이들이 자율적인 어른으로 자라날 수 있을까. 파란불이 아니면 결코 길을 건너지 않는, 정답과 매뉴얼에 익숙한 모범생을 길러내는 것이 교육의 본래 역할은 아니라고 믿는다.

어른스러움의 본질

어른스러움이란 무엇일까. '-스러움'은 어떤 존재 상태를 규정하는 것처럼 여겨지지만, 그 상태는 순간순간 변한다. 하지만 그 본질은 변하지 않는다. 자연은 흐르는 강물처럼 끊임없이 변화하지만, 물이 높은 곳에서 낮은 곳으로 흐르듯이 그 '자연스러움'의 본질을 잃지 않는다. 마찬가지로 '인간다움'의 본질은 변하지 않지만 우리는 언제든 인간다움을 잃어버릴 수 있다. 인간의 역사는 인간다움을 잃은 사람과 잃지 않기 위해 애쓰는 사람의 갈등의 역사라고 봐도 좋을 것이다.

이 갈등은 인류 차원에서도 일어나지만 개인 차원에서도 일어난다. 우리는 언제나 시험대에 올라 있는 존재다. 인간다움과 마찬가지로 어른스러움이란 것 또한 고정된 자질이 아니라 순간순간 획득해야 하는 어떤 것이다. 어른스럽지 못한 행태로 뉴스거리가 되는 '어르신'들을 보면 어른다운 어른이 된다는 것이 결코 쉬운 일이 아님을 알 수 있다.

두 집만 나면 완생完生이 보장되는 바둑판과 달리 세상살이에서 완생이 보장된 돌은 없다. 강남에 아파트를 두 채 넘게 가진 사람일지라도 미생未生 처지이긴 마찬가지다. 세상살이에서 조금 더 안정을 보장받을 수는 있겠지만, 실족의 위험은 한 걸음 한 걸음마다 발밑에 놓여 있다. 부와 권력을 다 가진 사람이라 할지라도 다르지 않다. 요즘 우리는 그들이 날마다 실족하는 모습을 지켜보느라 지치고 있지 않은가. 부와 권세라는 두 칸 집을 차지하고서 이제는 안전하다고 마음을 놓을 때가 실족의 가능성이 가장 높은지도 모른다.

어떻게 행동해야 할지 난감한 상황에서 적절하게 행동할 줄 아는 사람이 성숙한 사람이라는 우치다 타츠루의 말에 공감한다. 물론 성숙한 사람이라 해서 늘 적절하게 처신할 수 있는 것은 아니며, 다만 그럴 수 있는 가능성이 좀 더 높을 따름이다. 성인聖人은 그 가능성이 거의 현실성에 이른 사람을 일컫는 말일 것이다. 매 순간 갈림길에 서서 인간다움을 잃지 않을 수 있다면 '된 인간'이라 할 수 있겠다. 물론 '다 된 인간'은 아니다. 그 또한 언제 '덜 된 인간'이 될지 알 수 없는 일이다. 인간의 길은 그래서 어렵다. 하지만 바로 그 때문에 인간에게는 '자유'의 가능성이 열린다.

몇 해 전 공간민들레 아이들이 일본의 산촌유학센터 초청을 받아 한 청소년수련원에서 묵을 때 있었던 일이다. 아침이 되자 수련원에 든 모든 청소년들이 운동장에 모여 국민의례를 했는데, 민들레 아이들은 참여하지 않고 실내에 있었다. 우리를 초청한 단체 대표가 난감한 표정으로 찾아와 수련원 측에서 태극기도 같이 계양하니 국민의례에 참여했으면 한다며 의논을 해왔다. 길잡이 교사들과 아이들은 회의를 열어 어떻게 할지 토론했다. 군국주의에 대한 문제제기도 있었고 자신들을 초청해준 단체 사람들을 배려하자는 의견도 있었다. 토론 결과 스스로 판단해서 입장을 정하기로 했다. 이튿날 아침, 어떤 아이들은 운동장에 나가고, 어떤 아이들은 실내에 그냥 있었다. 여행을 마치고 평가하는 자리에서 한 아이가 말했다. 그렇게 자기 입장을 스스로 정해본 경험을 한 것이 가장 좋았다고. 흔들리지 않고 꿋꿋이 자리를 지킬지, 누군가를 배려해 한 걸음 뒤로 물러날지 스스로 결정해야 했던 그 상황이 아이들에게는 커다란 배움의 기회였을 것이다. 갈등 상황에서 자신의 입장을 정하는 경험을 하면서, 그리고 그 결과를 스스로 책임지는 경험을 하면서 아이는 조금씩 어른으로 자란다.

교사나 어른들은 아이들 앞에서 흔히 교통경찰 노릇을 하려 든다. 신호등만으로는 안심이 안 되는지 사거리에 서서 쉴새 없이 수신호를 보낸다. 아이들은 보지도 않는데. 때로는 범칙금 스티커라는 비장의 카드를 꺼내들기도 하지만, 그게 아이들을 위한 것이 아니라는 사실을 미처 깨닫지 못한다. 신호등도 교통경찰도 없는 거리에서 스스로 판단해서 자기 길을 정해보는 경험을 허용해야 한다. (정치)교육의 핵심도 여기 있을 것이다. 아이들이 진정 성숙한 시민으로, 어른으로 자라기를 바란다면 좌회전 신호등만 있다거나 우회전 신호등만 있는 거리를 문제삼을 것이 아니라, 신호등 자체를 다시 생각해봐야 한다.

길 없는 길을 걷는 것이 삶이다. 누구나 스스로 길을 찾아가야 한다. 뻥 뚫린 탄탄대로를 가는 것처럼 보이는 사람일지라도 내면의 세계에서는 길 없는 들판을 걷고 있을 것이다. 방향을 가늠할 수 있는 별이라도 밤하늘에서 발견할 수 있으면 운이 좋은 게다. 여기저기서 깜박거리는 신호등이 아니라 밤하늘의 별 같은 존재가 되는 것이 아이들을 만나는 어른들의 역할이 아닐까. 어떤 별을 보고 어떻게 방향을 잡을지 결정하는 것은 아이들의 몫이다. 그리하여 그들 또한 자라서 별이 된다. 별들의 세계에는 표준이 없다. 모든 별은 고유한 별이다.

표준화 교육을 넘어서

문명화와 표준화

근대문명은 언어의 표준화를 통한 기술 표준화의 결과다. 바벨
탑을 세우고 도시를 만들 수 있었던 것도 표준화의 힘이다. 하늘
에 닿는 탑을 세우고자 규격화된 벽돌을 만들어 탑을 쌓기 시작했
다고 성경은 전한다. 그런 탑을 쌓으려면 우선 함께 일하는 사람
들끼리 말이 통해야 한다. 언어의 표준화가 기술의 표준화에 선행
한다. 하나님이 인간들 말이 서로 통하지 않게 흐트러뜨렸다는 이
야기는 신은 근대화를 반대했다는 얘기로 해석할 수도 있겠다.

하지만 인간들은 기어이 표준화를 관철하여 근대화를 이루고
구름 위로 치솟은 마천루를 세웠다. 문명은 이제 현대인들의 삶

구석구석까지 표준화의 빛과 그늘을 드리우고 있다. 표준화의 결과 유동성이 높아짐으로써 불기 시작한 세계화 바람은 표준화를 더 가속시키고 있다. 이제는 전 세계 사람들의 생활방식이 점점 닮아간다. 프랜차이즈 방식은 음식점을 표준화하는 것이다. 맥도널드 매장은 세계 어디서나 비슷한 인테리어에 비슷한 메뉴를 갖추고 있다. 물론 맛도 비슷하다.

편의점은 구멍가게를 표준화한 것이다. 가게주인들의 성향에 따라 조금씩 다른 풍경을 연출했던, 사람 냄새 물씬 나던 침침한 구멍가게들이 사라진 자리에 형광등을 수십 개씩 컨 비슷비슷한 편의점들이 들어섰다. 카운터에서 바코드를 찍는 알바생들의 표정도 비슷하다. 표준화는 삶의 다양한 요소들을 거세하고 기능과 효율성만을 극대화한 것이다. 편의점을 찾는 사람도 카운터에 있는 사람을 물건 파는 기계처럼 여길 뿐 따뜻한 말 한마디를 건네는 이가 드물다.

근대화는 과일 맛까지 획일화시켰다. 당도가 높게 품종 개량된 부사가 일본에서 들어오면서 홍옥, 국광 같은 다양한 품종의 사과들이 자취를 감추었다. 사투리들이 사라지듯이 사과의 다양성이 줄어들었다. 그 대신 전에는 구경도 못했던 열대과일들이 여기저기 눈에 띈다. 세계화로 인한 또 다른 의미의 다양화다. 하지만 열대지방에서 바나나는 우리네 사과보다 더 가혹한 운명에 처해 있다. 한 품종의 표준화는 맛을 획일화할 뿐만 아니라 종의 멸종 위험까지 높인다. 1950년대까지 바나나의 주 품종이었던 그로미셸은 파나마병이 퍼지면서 거의 멸종되다시피 했다. 다행히 이 병에 강한 캐번디시 종이 개발되었지만 씨앗 없이 꺾꽂이 방식으로 번식되는 탓에 유전적 다양성이 없어 30여 년 만에 변종 파나마병이 퍼지면서 최근 또다시 위기를 맞고 있다고 한다. 또 새로운 품종을 개발해서 해결하면 되는 걸까?

문명이 휩쓸고 지나가면 생태계는 치명적인 해를 입는다. 문명은 자연과 삶의 근원적인 복잡성을 단순화시켜 특정 목적에 부합하는 요소만 강화시킨다. 자연은 근본적으로 표준화를 추구하지 않는다. 다양성이 생태계의 지속가능성을 높여주기 때문이다. 그 지역 생태계에 순응한 다양한 생물종들이 조금씩 서로 다른 생활방식으로 생태계의 균형을 유지하며 살아가는 것이 자연의 방식이다.

인간의 삶도 예외가 아니다. 수백만 년에 걸쳐 다양한 종족들이 저마다의 생활방식에 따라 생태계 속에서 자기 영역을 지켜왔다. 하지만 이동수단이 극적으로 발달하여 종족들이 섞이면서 생활방식과 사고방식이 비슷해지고 있다. 언어의 생태계도 유사한 과정을 거친다. 학교교육보다 더 강력한 영향력을 발휘하는 텔레비전이 보급되면서 각 지방마다 고유한 방언들이 급속도로 사라지는 중이다. 인터넷이 보급되면서 영어가 세계 공용어가 되어가는 속도가 점점 빨라지고 있다.

언어의 표준화

인간의 삶을 표준화시킨 근대화는 언어의 표준화와 맞물려 있다. 난폭한 근대화 과정을 거치면서 강압적인 표준말 세례를 받으며 영혼에 상처를 입은 이들, 자신의 부모가 쓰는 말을 부끄러워하게 되면서 자기 존재의 기반을 부정하게 된 사람들은 표준 신장은 마음대로 할 수 없어도 표준말은 마음만 먹으면 마음대로 구사할 수 있다고 생각하며 애써 서울 말씨를 흉내 내었다. 강압적인 표준화의 슬픈 초상이다.

중국처럼 넓은 나라는 지역에 따라 방언의 차이가 심해 의사소통에 어려움이 있으므로 표준말 사용이 국가적 과제가 되지만, 한국은 방언 차이가 그다지 크지 않고 절대다수 국민들이 한국말을 쓰고 있으므로 표준어의 필요성이 크지 않았다. 그럼에도 근대화 과정에서 국가가 아이들에게 표준말을 강제하다시피 한 것은 지나친 국가폭력이었다고 볼 수 있다.

'표준어는 교양 있는 사람들이 두루 쓰는 현대 서울말로 정함을 원칙으로 한다'고 표준어규정에 정해져 있다. 대체 그 교양의 기준은 누가 정하는가. 수많은 사람들이 쓰는 말에 어떻게 '표준'이 가능할까? 표준 웃음, 표준 울음이 가능하다는 말인가. 국가가 언어의 표준을 정한다는 것은 근대국가의 폭력성을 단적으로 말해준다. 근대화 과정을 거치면서 한국처럼 빠른 시일에 한 사회의 언어를 국가가 강제로 표준화한 사례는 찾기 힘들 것이다. 아마도 한반도 북쪽이 또 하나의 드문 사례일 것이다.

언어는 살아 있는 생물과 같다. 그 언어를 사용하는 사람들이 살아 있는 한 쉼 없이 변화하기 마련이다. 생명은 표준을 거부한다. 언어의 규칙인 문법이 있지만 그것도 고정된 것이 아니다. 긴 시간 속에서 관찰해보면 모든 언어는 끊임없이 변화하고 있다. 표준어라는 것은 자칫 언어의 생명력을 갉아먹는 것일 수 있다. 국립국어원이 아무리 '원샷'을 '한입털이'로 바꾸도록 권고해도 대중이 따를 리 없다. 언어는 관념 이전에 감각으로 받아들이는 것이기 때문이다.*

전 세계에서 표준어를 지정한 나라는 몇 곳 되지 않는다. 세계적인 공용어인 영어는 사실상 표준어가 없다. 영국도 미국도 표준말을 정하지 않았다. 앵글로색슨 계의 자유주의 성향 때문이라는 분석이 있다. 영국은 사투리 간 차이가 상당히 심해 남부 사람들이 북부 잉글랜드나 스코틀랜드 사투리를 알아듣지 못하는 경우가 종종 있지만, 왕립 표준영어원 설립이 추진되다가 무산되었다고 한다. 미국은 표준어를 못박지 않고 뉴스나 쇼 프로에서 쓰는 말을 표준어와 비슷한 개념으로 취급한다.

---

* 국립국어원이 한동안 짜장면을 '자장면'으로 표기하고 발음하도록 강제한 것도 국가 주도 표준어의 폐해일 것이다.

일본에서도 표준어를 정하려는 시도는 있었으나, 표준어라는 개념 자체가 언어에 대한 국가 권력의 통제를 내포한다고 여겨 '많은 사람들이 알아들을 수 있는 현실의 일본어'라는 뜻의 '공통어' 개념이 생겨났다. 20세기 전반에 군국주의를 겪으면서 국가주의에 대한 경계심이 그런 의식을 낳았을 것이다. 비슷한 역사적 경험이 있는 독일의 경우 2004년에야 독일어맞춤법위원회가 만들어졌는데, 독어권 여러 나라 위원들로 구성된 국제단체이다.

한편 한국어의 표준화는 비교적 일찍부터 시작되었다. 국가 차원에서 학교를 통해 본격적으로 표준말 교육이 이루어진 것은 조국 근대화 열풍이 불었던 1970년대 들어서이지만, 일제강점기에 이미 민간 차원에서 표준말 제정 작업이 시작되었다. 최현배, 이극로 같은 한글학자들이 1933년에 한글맞춤법통일안을 발표했다. 말조차 빼앗길 처지에 놓였던 시절이니, 우리말을 살림으로써 근대화와 독립을 이루고자 하는 열망이 그만큼 컸기 때문일 것이다.

표준말과 사투리

해방 이후 근대화 과정에서 폭력적인 방식으로 표준말을 보급한 것은 현명하지 못한 처사였지만, 다른 한편에서 언어의 표준화는 불가피한 과정이기도 하다. 표준말을 보급하면서도 사투리를 부끄러워하지 않게 배려할 수 있었더라면 하는 아쉬움이 남는다.

표준말의 필요성을 이해시키면서 사투리의 장단점을 같이 볼 수 있게 도와주었더라면 많은 시골뜨기들이 자기부정에 빠지지 않을 수 있었으리라. 성장과정에서 자존감을 잃지 않도록 교육하는 일의 중요성을 간과한 것은 근대화를 추진한 집권 세력의 무지함과 무감각 때문이었다. 군인정신으로 밀어붙인 결과다.

군대는 학교보다 표준화의 압력이 더 심한 집단이다. 전국 단위로 모인 집단인 군대에서는 표준말의 효용이 더 부각된다. 경상도 출신 지휘관이 "수그려!"라고 명령해서는 곤란하다. 타 지역 병사들이 알아듣지 못하고 엎드리지 않아 목숨을 잃을 수도 있으니 말이다. 대학 역시 전국 각지에서 모여든 학생들이 의사소통을 해야 하는 집단이다. 학문이 가능하려면 언어의 표준화는 필수다. 근대화를 거치면서 표준말이 사투리를 대신하게 되고 세계화가 진행되면서 영어가 국제 공용어가 되어가는 흐름은 피할 수 없는 흐름이다.

사투리는 부족민 언어라고 할 수 있다. 가까운 사람들끼리 통하는 말이다. 몇 마디 말로 같은 편인지 확인하고 외부인을 구별하는 것이 사투리의 효용성이다. 영화 〈황산벌〉에서 신라군은 백제군이 다양한 의미로 쓰는 '거시기'를 해석하느라 애를 먹는다. 암호가 군이 필요 없는 상황이다. 수많은 섬들로 이루어진 인도네시아에서는 아직도 250여 개의 부족 언어가 쓰이고 있다. 일부러 다른 부족이 알아듣지 못하는 말을 쓰기도 한다. 조폭들이 은어를 쓰는 심리와 비슷하다. 패거리 심리다.

표준어는 공용어다. 부족 언어를 넘어 다른 부족 사람과도 소통할 수 있게 해준다. 언어를 표준화하는 것은 근대국가로 나아가는 데 필요한 과정이다. 근대화는 표준화를 통해 유동성을 높임으로써 상호작용의 범위를 넓힌다. 언어의 경계가 허물어지면서 지역을 넘어 국가 차원에서 사고하고 행동할 수 있게 된다. 지역 고유의 사투리가 사라지는 것은 안타까운 일이지만 표준말의 긍정적인 측면도 무시할 수 없다.

교통 통신의 발달로 사람들이 뒤섞이고, 무엇보다 텔레비전의 막강한 표준화 압력 덕분에 사투리가 사라지고 억양 또한 지역색이 옅어지고 있다. 하지만 대부분의 사람들이 표준말을 구사할 수 있게 되면서 언제부턴가 사투리를 쓰는 것이 더 이상 부끄러운 일이 아니게 되었다. 최근에는 일부러 경상도 억양을 흉내 내는 서울사람들도 생겨나고 있다. 표준화는 처음에는 획일화를 낳지만 어느 정도 진행된 다음에는 압력이 약화되면서 다양성이 조금씩 되살아나기 시작한다.

표준화를 거부할 수는 없는 일이다. 돌아갈 수 없는 문명의 다리를 건넜기 때문이다. 표준화를 기본값으로 설정하고 다양성을 살릴 수 있는 방안을 찾아야 한다. 표준화가 일정 단계에 이르면 다양성에 대한 욕구를 불러일으키는 것이 세상사 법칙이다. 홍옥 사과를 찾는 이들이 점점 늘고 있는 것도 비슷한 맥락에서 이해할 수 있다. 새콤달콤한 그 맛을 잊지 못하는 세대가 사라지기 전에, 자라나는 아이들도 홍옥 맛을 알게 되기를 바랄 따름이다. 맛도 맛이지만 무엇보다 홍옥처럼 아름다운 과일도 없지 않은가! 그런 과일을 잃어버리는 것은 삶의 소중한 한 자락을 잃는 일이다.

개성을 넘어 시민성으로

표준화의 본질은 '대체가능성'이다. 표준화된 인적자원은 기계 부속품처럼 쉽게 교체할 수 있다. 교사들 또한 표준화되면서, 공립학교 교사들은 4년마다 전근을 다니지만 교육활동에 별 문제가 없다. 예기치 않은 일로 학기 중에 담임이 바뀌어도 별 문제가 안 된다. 학교의 부속품 하나가 교체되었을 따름이다. 근대화 과정에서 국가가 의도한 교육과정의 핵심은 표준화된 교사가 표준화된 인적자원을 양성하는 것이었다.

탈근대에 접어들면서 표준화, 획일화에 대한 반작용으로 다양성과 개성을 강조하는 흐름이 생겨나고 있다. 자기다움이 강조되면서 개성이 살아 있는 대체 불가능한 존재가 되어야 한다는 강박이 생겨날 정도다. 이런 변화는 소비를 부추기기 위한 자본의 의도와도 맞물려 있다. "네 생각대로 해!" 하면서 카드를 쥐어주고는 개인의 판단과 결정으로 소비를 통해 자기다움을 구현하도록 내몬다. 국가는 세금을 더 걷을 수 있으므로 이를 방조한다.

개성을 강조하는 교육은 너와 내가 공유하고 있는 토대에 관심을 갖게 하기보다 서로 다른 점에 눈을 돌리게 만든다. 저마다 독특한 자신다움을 추구하도록 부추김으로써 인간 존재의 본질인 상호의존성을 간과하게 만든다. '자기주도적 학습'도 마찬가지다. 모래알처럼 뿔뿔이 흩어져 저마다 자기주도적으로 뭔가를 해낸다는 생각은 환상에 가깝다. 세상일은 그렇게 작동하지 않기 때문이다. 팀주도적 학습, 또는 협동 학습을 할 수 있어야 한다.

팀플레이를 할 수 있는 역량을 기르는 것이 교육의 역할이다. 학교 같은 배움터가 필요한 까닭이다. 경쟁 원리로 움직이는 경직된 학교가 아니라 공동체적인 배움터가 필요하다. 서로 공유하고 있는 토대를 먼저 살피면서 자신의 포지션을 깨닫고 주변 사람들과 상호작용할 수 있게 도와야 한다. 상호작용 역량을 키우는 것이 곧 개인의 역량을 키우는 일이자 집단의 역량을 키우는 것이다. 이는 공동체 구성원으로서 자기정체성을 자각하는 시민을 양성하는 과정이기도 하다.

공동체는 기본적으로 약자를 위해 존재한다. 국가도 예외가 아니다. 하지만 근대 초기부터 부국강병을 주도한 엘리트들은 약자를 억압하고 강자를 우대하는 정책을 추진해왔다. '쓸모 있는' 인재를 기르는 데 주력한 것이다. 국가의 교육 정책은 부국강병을 위한 인적자원 양성의 관점을 포기한 적이 없다. 자본 또한 생산성 향상의 관점을 포기한 적이 없다. 최근 4차 산업혁명 담론과 함께 진행되는 교육개혁 역시 자본의 요구에 부응하는 방향이다. 증기기관이 촉발한 1차 산업혁명 이래 국가교육은 언제나 자본의 이해관계를 대변해왔다.

산업혁명 초기 표준화된 생산 시스템에 적합한 노동자 양성에 주력하던 근대교육은 자본주의가 발달하면서 소비자 양성 쪽으로 방향을 틀었다. 소비지수를 높이는 것이 국가 차원에서 국민소득을 높이는 길이자 세금 확보의 지름길이기 때문이다. 노동자이자 소비자, 납세자가 필요했던 기업과 국가는 손을 맞잡고 학교 시스템을 통해 '쓸모 있는' 인간을 기르는 데 주력해왔다고 할 수 있다.

시민은 기업과 국가의 관점에서 당장 쓸모 있는 존재가 아니다. 생산성을 높이는 인재가 아니다. 그저 좋은 이웃이거나 공동체가 위험에 처했을 때 기꺼이 나설 준비가 되어 있는 사람일 뿐이다. 국가는 근로와 납세, 국방의 의무를 다하는 국민을 필요로 하지만, 시민은 정치적 주체로서 의무의 주체이기 이전에 권리의 주체들이다. 주체의식을 갖고 공동체를 지키고 가꾸는 시민은 자본과 권력에게는 불편한 존재다.

이러한 시민을 기르는 교육은 국가 차원에서 이루어지기가 힘들다. 인적자원의 관점에서 접근하는 한 공동체를 위한 시민교육은 설 자리를 잃는다. 우등생을 우대하는 학교문화는 공동체문화를 해친다. 박근혜 정부에서 국정농단을 일삼던 김기춘, 우병우 같은 사람들은 대표적인 우등생들이었다. 늘 전교 수석을 했고, 서울대 법대 재학 시절 사법시험에 합격해 출세가도를 달린 사람들이다. 모든 우등생들이 세상을 망치는 데 앞장서진 않지만, 세상을 망치는 이들은 대부분 우등생 출신들이다. 공동체를 생각하기보다 출세를 위해 일하는 엘리트를 길러내는 교육이 공교육이어서는 안 된다.

자기 삶의 토대가 되는 공동체에 애착을 지닌 시민들이 민주주의의 토대를 이룬다. 어떤 장소에 뿌리를 내린 사람은 자신의 삶터인 그곳을 지키기 위해 행동하게 된다. 그러므로 민주시민을 기르고자 하는 교육운동이 마을운동과 결합되는 것은 자연스러운 귀결이다. 마을주민으로서의 의식은 자연스럽게 시민의식으로 확대되기 때문이다. 하지만 새로운 마을을 만들고 뿌리를 내리는 일이 부족사회로 회귀하는 것이어서는 곤란하다.

시민사회는 혈연과 지연의 범위를 넘어선 관계 맺기로 이루어진 사회다. 상호작용 면에서는 씨족사회나 부족사회가 더 긴밀한 집단일 수 있다. 저마다 그 속에 뿌리를 내리고 숨 막힐 정도로 끈끈하게 상호작용하는 것이 부족사회의 특징이다. 근대사회는 부족 단위를 넘어 상호작용의 범위를 극적으로 확대했다. 긴밀도는 떨어지지만 이제는 전국적, 지구적 단위로 상호작용이 이루어지고 있다. 그러기 위해 뿌리 뽑힘의 과정을 거칠 필요가 있었다고도 볼 수 있다. 부족의 끈끈한 그물망에서 해방되어 자유로운 시민으로 재탄생되는 과정이 필요했다.

작금의 한국사회는 씨족사회, 부족사회, 시민사회가 혼재된 상태다. 대구경북 지역을 기반으로 하는 정당에서는 문중별로 공천이 이루어지기도 한다. 경주 김씨, 안동 권씨, 영주 박씨 등 문중의 유지들이 한 자리씩 차지하는 식이다. 다른 지역도 별 다르지 않다. 3선, 4선을 자랑하는 지역 토호들은 저마다 자기 지역에 뿌리를 박고 있다. 그래서 자기 선거구를 '텃밭'이라고 표현하는 건지도 모른다. 뿌리를 넓고 깊게 뻗어 탐욕스럽게 주변의 영양분을 다 빨아들여 홀로 쑥쑥 자라는 토호세력들은 시민사회에 어울리지 않는다.

시민사회는 서로 영양분을 주고받으면서 건강한 생태계를 이루는 숲과 같다. '더불어숲'이다. 이런 시민사회로 나아가려면 부족사회로 퇴행하는 것을 경계해야 한다. 아이들이 나이를 먹는다고 해서 저절로 시민이 되지는 않는다. 다양한 사람들이 모인 적절한 규모의 집단 속에서 충분한 상호작용을 통해 공감 능력과 의사결정 능력을 길러야 한다. 교육의 역할이다. 부족민이 아닌 시민을 기르는 교육을 해야 한다. 방향이 중요하다. 공동체의 미래가 걸려 있기 때문이다.

2
교육은
소통이다

교사는 아이들을 바꿀 수 없고, 바꾸려고 해서도 안 된다. 맥락을 무시하고 물길을 억지로 틀면 일시적으로 물길이 바뀌는 것 같아도 금방 원래대로 돌아가고 만다. 물길을 바꾸고자 한다면 주변 지형과 물길의 속성을 알아야 한다. 다시 말해 환경을 알고 아이를 알아야 한다. 그리고 교사 자신이 아이의 중요한 환경임을 잊어서는 안 된다.

아이들은 세상과 연결되고 싶어 한다

사회와 긴밀해지기

많은 대안학교에서 자립교과라는 이름으로 의식주를 스스로 해결할 수 있는 힘을 길러주고자 농사와 요리, 옷 만들기 같은 활동을 한다. 하지만 대부분의 아이들이 독립해서 살아가는 데 실제로 필요한 것은 일상적으로 해먹을 수 있는 몇 가지 요리법, 자신에게 어울리는 옷을 찾아서 입는 법, 떨어진 단추 다는 법 같은 소소한 생활의 기술들이다. 스스로 옷을 지을 줄 아는 것보다 더 중요한 것은 어떻게 해야 자신에게 어울리는 옷을 구해 입을 수 있는지를 아는 것이 아닐까.

자신에게 어울리는 차림을 할 줄 아는 것, 옷차림으로 자기를 표현할 줄 아는 것은 사회생활을 하는 데 요긴한 능력이다. 또 겉으로 표현된 자신의 정체성이 주변에 어떤 모습으로 비치는지를 아는 것은 사회와 긴밀하게 소통할 줄 아는 감각이기도 하다.

패션은 곧 정체성이다. 포레스트 검프가 줄곧 입고 있는 체크무늬 남방은 고지식한 바른생활맨 검프의 정체성을 말해준다. 조폭들이 체크무늬 남방 차림으로 등장하는 영화는 없다. 그들은 대체로 요란한 꽃무늬 남방을 입는다. 조폭들이 꽃무늬를 선호하는 까닭은 문신처럼 세어 보이는 인상을 주고, 알록달록한 무늬가 수컷 공작의 꼬리처럼 과시 효과를 내기 때문일 것이다.

한동안 한국 어머니들의 대표 패션이었던 꽃무늬 '몸빼' 바지도 비슷한 것일지 모른다. 생활전선에 나선 어머니 부대가 무의식적으로 선택한 전투복 같은 것. 조폭들의 깍두기 머리나 아줌마들의 뽀글이 파마도 비슷한 맥락에서 이해할 수 있다. 군인들의 짧은 머리처럼 관리하기 쉽고 드센 이미지를 풍기는 데 도움이 된다. 꽃무늬 몸빼와 뽀글이 파마는 호락호락하지 않은 세상에서 자식들을 키워 내야 하는 여인네들의 안간힘이 배어 있는 패션이라 할 수 있다.

이처럼 옷은 사회성의 산물이다. 그러므로 사춘기에 접어들면서 아이들이 옷차림에 더 신경을 쓰게 되는 것은 당연하다. 유행하는 패션을 따르는 것은 자신이 사회와 긴밀하게 엮여 있음을 확인하는 한 방편이다. 패션은 집단의 긴밀성을 높이는 작용을 한다. 의례에는 거기에 어울리는 패션이 있다. 결혼식장에 추리닝복 차림으로 가거나 장례식장에 빨간색 옷을 입고 가면 곤란하다. 의례에 어울리는 옷차림을 하는 것은 공동의 의식에 참여하고 있음을 확인하는 행위다.

개인 차원에서도 패션은 긴밀성을 추구한다. 누구나 자신에게 어울리는 옷을 찾는다. 사람과 옷이 따로 놀면 어색하다. 또한 상의와 하의, 양말과 신발, 넥타이나 스카프도 서로 긴밀하게 엮여야 한다. 헤어스타일도 연동된다. 패션 감각을 기르는 것은 이처럼 긴밀성을 훈련하는 것이기도 하다.

삶에서 일어나는 모든 문제는 복잡한 상호작용 속에서 의사결정을 어떻게 하느냐 하는 문제라고 할 수 있다. 교육은 그 역량을 기르는 일이다. 패션은 상호작용을 도와주는 장치이면서 동시에 의사결정을 훈련하는 과정이기도 하다. 십대에 패션에 민감해지는 것은 자연스런 성장과정을 거치고 있다는 증표다. 긴밀한 상호작용을 원하는 아이들의 욕구를 억누르기보다 긍정적으로 활용할 수 있어야 한다. 성장도 자립도 그 에너지의 열매일 따름이다.

패션, 일상의 정치

'옷이 날개'라는 말은 문명사회 어디서나 통하는 말이다. '양복장이가 사람을 만든다' '좋은 옷은 모든 문을 연다' 같은 서양 속담도 비슷한 맥락이다. 사람들은 눈에 보이는 것으로 눈에 보이지 않는 것을 미루어 짐작하는 버릇이 있다. 의사결정의 효율성을 추구하는 뇌의 작동 방식이기도 할 것이다. 덕분에 사기꾼에게 속기도 하지만, 부작용보다 긍정적인 효과를 볼 때가 더 많기에 인간의 보편적 행동 양식이 되었을 것이다.

인간 사회에서도 언어적 요소보다 비언어적 요소가 더 결정적으로 작용할 때가 많다. 넬슨 만델라 대통령이 공식석상에서 즐겨 입었던 밝은 톤의 셔츠는 '마디바* 셔츠'라 불리는데, 그레이 톤의 정장 차림이 일반화된 정치계에서 마디바 셔츠는 권위주의를 무너뜨리는 혁명적 패션이었다. 만델라는 패션의 본질이 상호작용에 있음을 꿰뚫어 보았다. 만델라뿐만 아니라 우리 모두는 알게 모르게 자신의 패션을 통해 어떤 메시지를 발신한다. 자신의 정체성을 드러내고(또는 감추고) 상대방의 반응을 끌어낸다.

만델라는 평소 옷차림에 관심이 많아 행사 때 자신이 입을 옷을 세심하게 골랐다고 한다. 감옥에 있을 때는 수감자들도 간수들처럼 긴 바지를 입을 수 있게 끈질기게 요구하여 3년 만에 관철시키기도 했다. 간수들이 반바지 차림의 수감자들을 아이처럼 다루고, 수감자들도 어른스럽지 못한 행동을 하게 된다고 판단한 것이다. 그렇게 옷은 사람을 만드는 힘을 갖고 있다.

---

* 남아프리카 코사족이 '존경하는 어른'을 일컫는 말로 만델라의 별칭으로 불렸다.

그러므로 아이들에게 옷을 잘 입는 법을 알게 하는 것은 중요하다. 때와 장소에 맞게 그리고 자신에게 어울리는 옷차림을 할 줄 아는 것은 중요한 삶의 기술이다. 아무 생각 없이 시도 때도 없이 추리닝복이나 등산복을 입고 다니는 것을 자랑으로 여길 일은 아니다. 스티브 잡스나 저커버그처럼 한 가지 패션을 고집하는 것도 그 나름의 스타일일 수 있지만, 그들도 때와 장소에 따라 신중하게 옷을 고른다.

유명인 남성의 경우는 단벌(?) 패션이 찬사의 대상이 되는 반면 여성의 경우는 대체로 그렇지 못하다. 일종의 성차별인 셈이다. 늘 쓰리 버튼 재킷에 통바지 정장 차림의 독일 메르켈 총리의 패션은 호사가들로부터 '패션 테러'니 하는 조롱을 받기도 한다. 하지만 늘 회색 아니면 청색 슈트를 입는 버락 오바마는 옷 고르는 의사결정 피로도를 줄이기 위해서라는 그의 말에 다들 고개를 끄덕인다.

유명인뿐만 아니라 대부분의 사람들에게도 옷을 고르는 일은 상당한 스트레스로 작용한다. 그만큼 옷차림이 쉬운 일이 아닌 것이다. 사회생활을 하는 모든 사람들에게 패션은 일상의 정치 행위라고 할 수 있다. 패션에 관심을 갖는 것이 단지 멋부리는 일이 아니라 공동체와의 관계 설정을 고심하는 것임을 아이들이 깨달을 수 있게 도와줘야 한다. 교복 스커트 길이가 짧니 어쩌니 하는 것을 교육이라 여긴다면 안타까운 일이다.

어떤 대안학교에서는 진로지도를 할 때 패션에 흥미를 갖는 아이에게 왜 그런 소비지향적인 데 눈을 돌리느냐고 비판적으로 이야기하는 경우도 있었다. 대안적 이념에 사로잡힌 탓이다. 세상을 읽고 소통하는 힘을 길러주지 못하고 오히려 세상과 등 돌리게 만드는 교육을 해서는 곤란하다. 좁은 안목으로 아이들의 삶을 재단하는 우를 범해서는 안 된다.

한 시대의 철학과 음악, 미술, 건축, 패션은 함께 움직인다. 그 시대의 문화와 정신을 일상에서 구현하는 패션은 가장 대중적이고 일반인들의 피부에 와 닿는 예술이다. 아이들이 세상과 긴밀한 관계를 맺는 데 이만한 매개가 없다. 21세기는 문화의 시대가 될 것이다. 한국의 문화가 점점 더 주목받는 시대로 접어들고 있다. 시대의 흐름을 읽고 나아가 그 흐름을 선도하는 역량을 기르는 큰 그림을 그려야 한다.

자립과 자급자족은 다르다

아이들이 고가의 브랜드 옷을 선호하는 것은 브랜드의 힘을 빌어 또래 집단에서 우위에 서고자 하는 욕망 때문이다. '있어 보이는' 티를 내고 싶어 하는 아이들의 심리를 제어하는 교복은 사회주의 패션이라 할 수 있다. 차이에 예민해지는 중학생 시기에는 교복이 긍정적인 작용을 하는 면이 있을 것이다. 교복 자율화는 사회와 정치경제 전반에서 사회주의 요소가 사라지는 흐름을 반영한다.

유니폼은 다른 집단과의 구별을 위한 장치이면서 동시에 그 집단의 결속력을 위한 장치다. 교복은 표준화를 통해 사회의 결속력을 높여야 하는 시기에 필요한 장치다. 그 시기가 지나면 교복의 효용성은 떨어지기 마련이다. 계속 그 장치를 고집하게 되면 문화지체 현상이 나타난다. 교복 자율화는 시대적 요청인 셈이다.

한국사회에서 교복이 부활한 것은 일시적 반동 현상으로 볼 수 있다. 교복업체의 로비로도 시대 흐름을 거스르기는 힘들다. 새 옷을 계속 만들어내어 사람들로 하여금 사게 만드는 것이 패션산업의 마케팅 비결이기도 하지만, 단순히 업자들의 농간에 의해 한 사회, 한 시대의 패션 흐름이 좌우되지는 않는다. 패션이 바뀌는데는 사회 전반에 걸쳐 복잡한 역학 관계가 작용한다.

서구 여성들의 패션은 1차 세계대전을 계기로 획기적으로 간소해졌다. 여성들도 군수공장에서 일을 해야 했기 때문이다. 여성의 사회활동이 활발해지면서 치마폭이 좁아지고 바지가 여성복으로 자연스럽게 들어왔다. 2차 세계대전은 발목을 덮었던 치마 길이를 무릎 아래까지 올려놓았다. 50년대 말부터 세계적으로 유행하기 시작한 미니스커트는 여성을 억압하는 종교 권력과 남성 권력에 대항하는 정치적 패션이었다. 사우디아라비아에서는 최근 미니스커트를 입고 공공장소를 활보한 한 여성의 동영상으로 온 나라가 발칵 뒤집어지기도 했다.

인간은 누구나 사회와 상호작용하려는 욕구를 품고 있다. 고가의 브랜드나 유행을 좇는 것 또한 그 욕구에서 비롯되지만 대체로 사회와의 관계 설정을 스스로 하지 못하는 사람들이 하는 행동이다. 대부분의 사람들은 사실 그렇게 사회와 상호작용한다. 일종의 의사결정장애다. 유행을 좇지 않으면서도 사회와 긴밀하게 소통할 수 있는 패션을 추구하는 것은 쉬운 일이 아니다. 아이들에게 그런 힘을 길러주는 것이 진정한 자립교육이 아닐까.

자립은 세상과 등지거나 세상을 뒤좇는 것이 아니라 사회와 긴밀하게 상호작용할 줄 아는 것이다. 농사나 요리는 자신의 생존을 위해 필요한 일이기도 하지만, 다른 누군가를 위한 일일 경우가 더 많다. 다른 사람을 살리는 일이 곧 자신을 살리는 일이다. 자립과 자급자족을 혼동해서는 곤란하다. 자급자족은 상호작용을 축소시킨다. 밥과 옷, 집을 스스로 지을 줄 아는 것은 좋은 일이지만, 모두가 자신의 의식주를 스스로 해결하게 되면 상호작용이 사라져 사회가 정체된다.

자급자족은 개인이 모든 것을 손수 해결한다는 관점보다 공동체 단위의 자급자족으로 접근하는 것이 바람직할 것이다. 마을 안에서 웬만한 것을 다 해결할 수 있었던 옛날에도 닷새마다 시장이 열리고 보부상들이 마을을 돌아다니며 다른 지역의 특산품들을 유통시켰다. 오늘날에는 교통과 통신의 발달로 공동체의 규모도

커지고 상호작용의 범위가 훨씬 넓어졌으므로 자급자족의 의미도 달리 생각해야 한다. 국가 단위의 자급자족을 넘어선 지도 오래다. 고립된 사회는 자립은 물론 자급자족도 힘들다.

서태평양제도의 섬들 사이에서 오랜 세월 동안 이루어진 전통적인 쿨라교역은 주고받는 물품보다 교역 그 자체에 의미가 있었다. 살아가는 데 군이 필요하지도 않은 조개껍데기로 만든 장신구를 주고받기 위해 위험을 무릅쓰고 섬과 섬을 왕래하면서 항해 기술이 발달하고 공동체성이 강화된다. 생활에 필요한 물품은 하나의 섬 안에서도 충분히 해결되지만, 교류가 없으면 사회는 정체되고 시간이 갈수록 퇴화하기 마련이다. 생물학적으로도 동종교배는 종의 생명력을 떨어트린다. 자립과 자급자족에 대한 환상을 경계할 일이다.

도움이 필요할 때 청할 줄 알고 자신에게 도움을 요청하는 이들의 눈빛을 읽을 줄 아는 것이 삶의 기술이다. 삶의 교육, 자립교육은 고립된 환경에서 로빈슨 크루소처럼 생존기술을 습득하게하는 것이 아니라 사회 속에서 살아가야 하는 아이들에게 상호작용의 기술, 커뮤니케이션 능력을 길러주는 것이어야 한다. 존재의 본질은 관계에 있고, 그 관계가 제대로 작동할 때 자립은 자연스럽게 이루어진다.

형식에 눈뜨게 하는 교육

형식이 내용에 앞선다

'형식적'이라는 말은 흔히 부정적인 의미로 쓰인다. 진실되지 않고 가식적인 것을 일컫는 경우가 많다. 신동엽 시인이 "알맹이는 남고 껍데기는 가라"고 했을 때 '껍데기'와 비슷한 맥락에서 쓰인다. 하지만 껍데기는 가라고 외친 저 시는 참여시의 새로운 형식을 구현했다고 평가된다. 새로운 양식은 그 자체가 메시지다.

새로운 영상 언어, 새로운 음악 형식은 형식 그 자체로 메시지를 전한다. 랩은 흑인도 할 말 하며 살겠다는 메시지다. 아이폰도 그 새로운 양식으로 세상을 바꿔놓았다. 반면에 갤럭시는 짝퉁이다. 짝퉁이 생기기 시작하면 내용이 중요해진다. 내용의 차별성으로 정체성을 드러내야 하기 때문이다. 그러므로 형식이 내용에 앞선다. 내용이 중요한 단계는 창의 단계가 아닌 복제 단계다.

외교 무대처럼 언어가 통하지 않는 현장에서는 더욱 형식이 중요하다. 내용으로 전하기 어려운 것을 형식으로 전한다. 외교에서 의전을 중요하게 챙기는 까닭이다.* 중국 전승절 기념식장에서 시진핑 옆에 누가 어떤 순서로 서느냐에 따라 친소 관계가 정해진다. 형식으로 메시지를 전하는 것이다. 언어가 통하지 않거나 굳이 언어의 힘을 빌 필요가 없는 경우에는 형식으로 소통하는 것이 보다 효율적이다. 동물들도 서열이나 장식 같은 형식으로 소통한다. 그 편이 빠르고 정확하기 때문이다.

인간도 첫 만남일 때는 형식에 신경을 쓴다. 옷차림이나 만나는 장소 같은 형식으로 서로에 대한 예의와 취향 등을 보여준다. 서로 말도 한 번 섞어보지 못한 사이라면 당연히 그래야 한다. 말이 아닌 다른 것으로 소통해야 하기 때문이다. 여러 번 만나면 형식보다 내용에 더 신경을 쓰게 되지만, 그때는 이미 서로에 대해 어느 정도 알고 편안해진 상태다.

---

* 프로토콜은 소통에서 형식의 중요성을 말해준다. 국가 간의 교류를 원활하게 하는 외교상의 의례나 국가 간의 약속을 정한 의정서를 가리키는 프로토콜을 컴퓨터 통신에 적용한 것이 네트워크 표준통신규약인 통신 프로토콜이다. 전 세계의 인터넷이 연결 가능한 것도 IP Internet Protocol라는 프로토콜을 공통 기반으로 하기 때문이다. 프로토콜이 맞지 않으면 통신이 불가능하다.

첫인상이 중요한 까닭

대개 처음 만날 때는 어색하고 긴장해서 표정이 굳기 쉽다. 그래서 첫인상은 별로였는데 다음에 만나면 아주 다른 느낌을 주는 사람이 있다. 여러 번 만나다 보면 첫인상이 바뀌기도 한다. 하지만 대체로 첫인상은 쉽게 바뀌지 않는다. 그만큼 중요하다. 첫인상은 대개 3초 안에 형성되고 서로에 대한 호감도가 결정된다고 한다.

첫인상이 강력한 영향을 미치는 까닭은 처음에 받아들인 정보가 나중에 들어오는 정보를 해석하는 지침이 되기 때문이다. 사회심리학자 솔로몬 애쉬Solomon Asch는 이것을 '초두(첫머리) 효과primary effect'라고 명명하면서 "이것은 수백만 년 동안 인간의 뇌가 낯선 장소가 안전한지 아닌지, 상대가 나를 해칠지 아닐지를 재빨리 판단해서 움직이는 '생존 기계'로 진화한 결과"라고 말했다.

생명체에게 생존 문제는 무엇보다 우선하는 문제다. 의사결정의 효율성은 생존의 문제와 직결된다. 좌고우면하다 보면 맹수에게 잡아먹히거나 사냥감을 놓치기 십상이다. 생존의 문제가 걸려 있지 않은 상황에서도 우리는 의사결정의 효율을 추구한다. 에너지 소모를 줄여주기 때문이다. 초두 효과는 첫인상으로 판단하는 것이 더 효율적임이 인간 사회에서 수만 년에 걸쳐 입증되었음을 말해준다.

첫인상에는 주로 감정적인 경험이 저장되는 뇌의 편도체 부위가 관여하는 것으로 밝혀졌다. 과거의 좋은 감정에 부합하면 좋은 인상을 갖게 될 가능성이 높아진다. 애쉬는 A와 B 두 사람의 성격에 대한 정보를 다음과 같이 주고 호감도를 조사했다.

A: 똑똑하다, 근면하다, 충동적이다, 비판적이다, 완고하다, 질투심이 많다

B: 질투심이 많다, 완고하다, 비판적이다, 충동적이다, 근면하다, 똑똑하다

같은 정보를 순서만 바꿔서 제시했을 뿐인데 설문조사 결과는 A에 대한 호감도가 B보다 훨씬 높게 나왔다. 첫인상과 마찬가지로 첫머리에 나온 단어가 판단에 큰 영향을 미친다는 사실을 말해준다. 우리 몸에서 에너지의 20퍼센트를 소모하는 뇌는 에너지 효율을 높이고자 짧은 시간 안에 적은 정보로 빠르게 판단하는 경향이 있다.

이는 확증편향確證偏向, confirmation bias과도 관련이 있다. 원래 가지고 있는 생각이나 신념을 확인하려는 경향성을 말하는 확증편향은 쉽게 말해 '보고 싶은 것만 보는 경향성'을 말한다. 첫인상이 형성되면 그 인상에 부합하는 모습이 더 잘 보이게 된다. 그 첫인상을 뒤집는 데는 200배의 강렬한 인상이 필요하다고 한다.

'옷이 사람을 만든다' '좋은 옷은 모든 문을 연다'라는 서양 속담은 뇌의 이러한 성향을 인류학적 관점에서 증거한다. 눈에 보이

는 것으로 눈에 보이지 않는 것을 미루어 짐작하는 버릇은 의사결정의 효율을 추구하는 뇌의 작동 방식이다. 그래서 실수도 하지만 그 실효성이 증명되었기에 거의 모든 문명사회에 비슷한 속담이 퍼져 있을 것이다. '옷이 날개'라는 우리 속담은 곧 형식이 중요하다는 말이다. 첫인상이 중요하다는 말이기도 하다.

초두 효과는 형식의 중요성을 말해준다. 위에서 A, B로 나누어 열거한 성격들은 하나하나가 그 사람에 대한 정보이지만, 더 중요한 정보는 그 낱낱의 정보들이 나열된 순서다. A와 B는 같은 정보를 순서만 바꿔놓은 것처럼 보이지만 사실은 그 순서가 진짜 정보다(애쉬는 이 부분을 간과했다). 사람들이 멍청해서 같은 정보를 놓고 다르게 판단한 것이 아니라 제대로 판단한 것이라고 봐야 한다. 우리의 무의식은 내용이 아니라 형식으로 판단하기 때문이다. 형식 속에 담긴 진짜 정보를 캐치하는 것이다.

부분의 합이 전체는 아니다. 전체 속에는 부분에 없는 것이 있다. 부분들 사이의 관계, 맥락, 순서가 있다. 다시 말해 형식이다. 내용만으로는 알 수 없는 그것이 진짜 정보다. 맥락을 거세한 부분 정보는 대개 엉터리 정보이기 십상이다(가짜뉴스들이 그렇다). 첫인상이나 옷차림은 부분 정보처럼 보이지만 부족하나마 그 자체로 전체를 대표한다고 볼 수 있다. 마치 아기의 옹알이처럼 아직 온전한 문장이 아니지만 씨앗처럼 그 속에 전체가 응축되어 있다. 맥락 속의 부분은 전체를 대표하는 법이다.

반복은 형식에 눈뜨게 한다

모든 이야기에는 나름의 형식이 있다. '옛날 옛날에…'로 시작하는 것은 옛이야기의 전형적인 형식이다. 이야기에는 자체 형식도 있지만, 이야기를 들려주는 상황이 갖는 또 다른 형식이 있다. 같은 이야기도 누가 언제 어디서 누구에게 들려주느냐에 따라 전혀 다른 이야기가 될 수 있다. 형식이 내용을 바꾸어놓는 것이다.

교사는 날마다 같은 이야기를 반복해야 하는 처지다. 이 학급에서 한 이야기를 저 학급에서 또 해야 한다. 하루 이틀도 아니고 날마다 그런 일을 되풀이해야 하는 교사 노릇도 쉬운 일이 아니다. 그런데 드물지만 같은 이야기를 매번 열정적으로 하는 교사들이 있다. 아이들이 다르기 때문이다. 같은 학년이어도 반마다 분위기가 다르다. 아이들과 교감하는 교사는 같은 이야기도 다르게 할 수 있다. 아이들의 눈빛이 다르기 때문이다.

훌륭한 연주자는 같은 곡을 연주해도 다른 연주자나 청중의 분위기를 읽고 거기에 맞춰 연주한다. 연주할 때마다 곡에 대한 이해가 조금씩 달라지는 지점도 있을 것이다. 강의도 마찬가지다. 청중의 분위기에 따라 구성이 조금씩 바뀌고 호흡이 달라진다. 자신이 이야기하는 내용에 대한 이해가 그때그때 조금씩 달라지기도 한다. 내용(콘텐츠)은 비슷하지만 형식(콘텍스트) 또는 맥락이 달라지면서 내용에도 미묘한 변화가 생겨난다.

창조성을 발휘할 수 있으려면 반복하는 일의 내용보다 형식에 눈을 떠야 한다. 형식이 내용을 어떻게 미묘하게 변화시키는지 관찰하는 일은 고도의 수신 기술이다. 반복의 교육적 가치는 여기에 있다. 맥락, 형식에 눈을 뜨게 해주는 것이다. 그러면 반복이 사실상 반복이 아닌 게 된다. 도공이 그릇을 빚기 전에 흙을 치대어 조직을 치밀하게 만들듯이 맥락을 치밀하게 만드는 과정이 된다. 창조성은 그 과정에서 솟아난다. 뇌의 시냅스에 새로운 연결지점이 생겨나는 것이다.

뇌의 시냅스가 활성화될수록, 맥락이 치밀해질수록 수신 능력이 좋아진다. 맥락은 뇌의 시냅스와 닮았다. 시냅스가 어떻게 형성되느냐에 따라 뇌는 계속 변하기 마련이다(이를 뇌의 가소성이라고 한다). 뇌의 작동 방식과 인간의 학습 방식은 긴밀한 관련이 있을 것이다. 뇌 구조가 학습 방식을 결정하는 것이 아니라, 맥락 속에 진짜 정보가 들어 있기 때문에 뇌 또한 맥락 속에서 정보를 찾고 학습하는 방향으로 진화했을 것이다. 반복은 뇌가 발달하는 데 필요한 양식인 셈이다.

어린아이들이 같은 그림책이나 비디오를 열 번, 스무 번 볼 수 있는 것은 내용은 알지만 그것이 새로운 맥락으로 연결되면서 매번 조금씩 다르게 다가오기 때문이다. 새로운 형식 속에서 의미가 새롭게 읽히는 것이다. 처음 보는 사람은 내용에 집중하느라 형식을 읽지 못할 가능성이 많지만, 내용을 이미 알고 있는 사람은 같은 이야기가 어떤 맥락에서 어떻게 다르게 변주되는지를 읽어낼 수 있다. 그러면 이야기 소재는 같아도 새로운 것들이 보인다.

열 번째 하는 이야기를 마치 처음 하듯 할 수 있는 교사의 마음은 열 번째 보는 그림책을 처음 보듯 볼 수 있는 아이의 마음과 같다. 이야기를 듣는 아이들의 눈빛 속에서 그 이야기가 어떻게 받아들여지는지가 읽힌다. 하다 보면 그 이야기가 자신에게도 다른 의미로 다가올 때가 있다. 새로운 맥락이 생겨나는 것이다. 더욱 흥미진진해지는 순간이다.

반복은 맥락을 치밀하게 만들면서 동시에 맥락을 파악하는 힘을 길러준다. 메시지를 수신하는 감도를 높인다. 관점을 달리 하며 보고 또 보다 보면 행간(형식)에 숨어 있는 메시지가 눈에 들어온다. 어린이 권장도서, 청소년 필독도서 따위를 다 읽는 것이 결코 독해력을 기르는 길이 아니다. 건성건성 백 권을 읽는 것보다 좋은 책 한 권을 열 번 읽는 편이 낫다.

글을 '지어'보면 형식을 알게 된다

글을 이해하는 독해력은 곧 맥락을 파악하는 능력이다. 주어와 술어를 연결 짓고, 숨은 전제를 찾고, 행간에 숨어 있는 의미를 읽어내는 것이다. 언어학자 비트겐슈타인은 "낱말의 의미를 묻지 말고 사용을 물어라"고 말했다. 어떤 맥락에서 쓰이는지를 알면 의미도 알 수 있다는 말이다. 책을 읽다 모르는 단어가 나와도 맥락 속에서 대충 그 뜻을 짐작할 수 있다. 또 같은 낱말도 다른 맥락에서 쓰이면 전혀 다른 의미를 띠기도 한다. 형식이 내용을 결정하는 것이다. 세상 만물이 관계 속에 존재하므로 언어 또한 관계와 맥락에 의해 의미가 규정되는 것은 당연한 일이다. 낱말들도 맥락 속에서 가지를 뻗듯이 파생되어 만들어진다.

스스로 글을 써보면 맥락과 형식의 중요성을 더욱 실감할 수 있다. 주제가 있는 글을 쓴다는 것은 집을 짓듯이 언어로 생각의 집을 짓는 것이다. 기초와 기둥, 들보가 서로 맞물리게 차근차근 구조를 짜맞추듯 문장과 글의 구조를 짜는 일이다. 그 구조가 글의 생명력을 좌우한다. 문법은 그 언어에 내재된 구조, 곧 형식을 정리한 것이다. 사고의 구조를 복제한 것이기도 하다. 잘 쓴 글은 명쾌한 사고를 드러낸다. 군더더기가 없다. 마치 못을 쓰지 않고 아귀를 맞춰 지은 집처럼 단단하다. 잘 지은 한옥처럼 부드러우면서도 단단한 느낌을 주는 집이 있듯이 글도 그렇다.

우리말 '글짓기'라는 낱말은 영어 'writing'에 비해 글의 본질을 매우 잘 표현하고 있다. 글 쓰는 일은 집 짓는 일과 닮았다. 책의 저자를 '지은이'라고 하는 것은 적절한 표현이다. 우리말에서 '지어내는' 것과 '짓는' 것은 다르다. '글쓰기'를 강조하면서 '글짓기'를 죄악시하는 것은 '글 지어내기'와 '글 짓기'를 같은 것으로 간주하면서 생겨난 혼란이다. 글을 억지로 지어내는 아이들을 보다 못

해 글쓰기 운동이 시작된 배경을 모르는 바 아니지만, 형식의 중
요성을 간과한 것은 글과 문학의 본질을 간과한 것이다.

글의 형식은 문체文體로 나타난다. 문체는 말 그대로 글의 '몸'이
다. 몸의 근본은 호흡이다. 정신과 육체를 연결하는 게 호흡이다.
호흡이 글의 내용과 형식을 이어준다. 박자가 리듬과 멜로디를 연
결하면서 곡의 분위기를 결정하는 것과 비슷하다. 음악은 형식이
곧 내용이라고 해도 과언이 아니다. 노래, 시, 산문으로 갈수록 내
용이 중요해 보이지만, 형식이 무너지면 내용은 힘을 발휘하기 어
렵다. 몸이 무너지면 정신도 온전하기 힘든 것과 같다.

『우리글 바로 쓰기』의 이오덕 문장론의 맹점이 문체에 둔감하
다는 것이다. 우리말을 살려야 한다는 당위에 사로잡힌 나머지 소
리와 호흡의 중요성을 간과하고 있다. '미소 짓다'와 '방긋 웃다'는
소리가 다르고 느낌도 다르다. 그럼에도 '미소'를 한자말이라는
이유로 배척하는 것은 지나친 순수주의다. 더욱이 우리말이 갖고
있는 3·4조 운율은 순 우리말만으로는 살리기 힘든 경우가 많다.

일상에서 '까닭'보다 한자어 '이유'가 더 많이 쓰이는 까닭은 발
음하기가 쉽기 때문이다. 언어의 기본은 소리이기에, 소리가 쉽게
나는 쪽으로 언어는 발달하기 마련이다(영어에서 자주 쓰이는 말일수
록 불규칙 변화가 심한 것도 그 때문이다). '이유'와 '까닭' 중에 사라질 가
능성이 더 높은 말은 후자일 것이다. '까닭'만으로는 미묘한 뜻을
제대로 담기 어려울 때도 있다. 때로는 '연유' '연고'로 뜻을 더 선

명하게 표현할 수 있다.

　우리가 일상생활에서 쓰는 낱말은 전체 어휘의 몇십 분의 일밖에 되지 않는다. 순 우리말이나 입말만으로 글을 써야 한다면 표현에 커다란 제약이 따를 것이다. 글의 성격에 따라서는 낱말을 조합하는 형식도 말과 다를 수 있다. 논리적인 글의 문체는 문어체가 더 적절한 경우가 많고, 같은 문어체도 필자에 따라 문체가 다를 수 있다. 글은 말과 달리 억양이나 목소리의 느낌을 살릴 수 없기에 그 나름으로 표현기법을 발달시킨 것이 문체다. 말의 내용보다 말투나 음성의 높낮이가 더 중요할 수 있듯이, 글도 내용보다 형식이 더 중요한 경우가 많다.

　말과 일치된 문자로 글을 쓰더라도 글은 말과 달리 그 고유한 형식을 가질 수 있고, 좋은 글은 그래야 한다. 글을 읽기 쉽게 써야 한다거나 입말을 우선시하는 관점은 타당하지만, 형식의 중요성을 놓쳐서는 안 된다. "미디어가 곧 메시지"라는 말처럼 메시지를 전하는 형식에 따라 메시지가 달리 전달될 수 있기 때문이다. 같은 음식도 담긴 그릇에 따라 맛이 다르게 느껴지는 것과 같다.

　삶에서 우러난 글이라고 다 좋은 글이 되는 것은 아니다. 형식이 받쳐주지 않으면 밋밋한 글이 되고 만다. 살아 있는 글쓰기의 예로 드는 아이들 시 가운데 그런 것들이 많다. 산문을 시 형식을 빌어 표현했을 뿐이다. 엄밀히 말해 시의 형식을 갖추었다고 보기도 어렵다. 시적인 긴장미, 운율 같은 형식미 없이 단지 산문을 짧게 헷갈이만 했을 뿐인 글이 많다.

아이들에게 글을 '지어'보게 하고, 글의 호흡을 느끼고, 글의 체취를 맡아보게 하자. 소리 나게 읽는 것도 도움이 된다. 문자보다 소리가 더 우리 몸에 가깝다. 글을 몸으로 읽는 훈련을 할 필요가 있다. 뜻을 잘 알 수 없는 글도 자꾸 읽다 보면 맥락이 조금씩 보이기 시작한다. 그 글의 형식이 눈에 들어오는 것이다. 의미는 몰라도 형식은 알 수 있다. 제대로 된 글이라면 아귀가 맞게 쓰였을 것이므로, 형식 논리만으로도 다음에 부정문이 올지 긍정문이 올지 알 수 있다. 계속 읽다 보면 글의 호흡에 자신의 호흡이 동조될 것이다. 문체를 흉내 낼 수도 있게 된다. 저도 모르게 글이 닮는다. 공명 또는 동조 현상은 물리법칙이다.

커뮤니케이션 능력 기르기

형식이 내용에 앞서듯, 맥락이 의미에 앞선다. 낱말도 문장도 맥락 속에서 그 의미가 결정된다. 커뮤니케이션 능력은 맥락 속에서 미세한 신호를 포착할 줄 아는 능력이다. 글에서 맥락을 읽고 주제를 파악할 줄 아는 능력은 어떤 상황에서 자신의 포지션을 파악하는 능력과 통한다. 축구선수가 경기 흐름을 읽으면서 자신의 포지션을 적절히 잡을 줄 아는 것 역시 커뮤니케이션 능력이다.

요즘 인터넷에 범람하는 가짜뉴스는 맥락이 거세되거나 왜곡

된 메시지다. 보수매체가 흔히 그러듯이 의도를 갖고 악의적으로 그러기도 하고, 맥락에 둔감하거나 수신 기능이 떨어져서 그러기도 한다. 뉴스의 사회적 맥락을 읽을 줄 아는 사람은 가짜뉴스를 쉽게 구분할 수 있다. 가짜뉴스가 통하지 않는 사회가 되려면 사회 구성원 전반의 수신 능력을 높이는 수밖에는 없다. 교육의 역할이다.

소통 능력을 길러주는 것이 교육의 역할이라면 형식과 맥락에 눈을 뜰 수 있게 도와야 한다. 사회화란 결국 사회와 소통하는 법을 배우는 것이다. 사람들이 호칭에 민감한 까닭은 그것이 관계의 형식을 규정하기 때문이다. 같은 호칭도 쓰는 사람에 따라 미묘하게 느낌이 다름을 듣는 사람은 순간적으로 알아챈다. 우리는 무의식적으로 형식 속에 녹아 있는 핵심 정보를 읽어낸다.

수신 능력은 언어 감각을 통해 기를 수도 있고 몸을 통해 기를 수도 있다. 운동이나 무술처럼 몸으로 하는 모든 훈련은 궁극적으로 커뮤니케이션 감도를 높이는 과정이다. 그 감도가 목숨을 좌우하기도 한다. 인간도 동물과 마찬가지로 언어 이전에 몸으로 말한다. 종종 입에서 나오는 말과 몸이 하는 말이 다를 수 있는데, 그때는 몸말을 듣는 것이 수신을 제대로 하는 것이다. 내용을 속이기는 쉬워도 형식을 속이기는 어렵기 때문이다.

십대는 언어 감각과 함께 신체가 발달하는 시기인 만큼 이때를 놓치지 말아야 한다. 때를 놓치지 않는 것, 이 또한 형식의 중요성을 말해준다. 성장의 맥락을 놓치지 않는 것이다. 발달 단계는 아이들이 성장하는 시간의 형식이다. 때를 놓치면 일이 꼬이기 마련이다. 순서가 뒤죽박죽되면서 '꼴'이 말이 아니게 된다. 같은 일을 하는 데 몇 배의 에너지가 든다.

특히 복잡미묘한 감정을 느끼기 시작하는 사춘기에는 언어 감수성을 기르는 것이 필요하다. 언어가 빈약하면 수신도 발신도 힘들 수밖에 없다. '서글픔'과 '슬픔'이 어떻게 다른지 모른다면 자신의 감정도 타인의 감정도 제대로 알아채기 어렵다. 요즘 아이들이 관계 맺기를 힘들어하는 것은 언어가 빈약한 것과도 관련 있을 것이다. '짱나' 같은 단어만으로 여러 가지 복잡한 감정을 표현하는 아이들이 커뮤니케이션에 서툰 것은 당연하다. '대단하다' '굉장하다' '훌륭하다'라고 말할 상황에서 '미쳤다'라는 말 한 마디로 대신하는 것은 언뜻 매우 효율적인 언어 사용인 듯 보이지만 그만큼 표현력이 떨어지는 것이다. 상황과 맥락에 맞는 표현을 쓸 줄 아는 것은 기본적인 소통 능력이다.

신체에 뚜렷한 변화가 일어나고 외모와 옷차림에 관심을 갖기 시작하는 청소년기는 커뮤니케이션 능력을 기르는 데 적합한 시기다. 십대들에게 외모에 신경 쓰지 말고 공부나 하라는 건 수신도 발신도 제대로 할 줄 모르는 바보가 되라는 말이나 다름없다. 패션에 신경을 쓰기 시작한 것은 형식에 눈뜨기 시작했음을 말해준다. 자신에게 어울리는 옷차림, 어떤 장소에 어울리는 옷차림을 하려는 것은 주변과 긴밀해지려는 노력이다. 나름 맥락을 읽고 거기에 동조하려는 것이다.

거울을 끼고 사는 아이의 행동을 세상과 소통하려는 몸짓으로 볼 수 있어야 한다. 물론 현상만 놓고 보면 염려스러울 수 있다. 화장이 지워질까봐 땀나는 활동도 마다하고, 화장을 손보기 위해 시도 때도 없이 거울을 들여다보는 아이들을 보면 에너지를 쓸데없는 곳에 쓰고 있는 것처럼 보인다. 하지만 조금만 깊이 들여다보면 거기에는 세상과 연결되고 싶어 하는 강렬한 욕구가 깔려 있다. 소통하고자 하는 에너지가 거기 있다.

아이들이 외모, 패션에 신경을 쓰기 시작하는 건 성장하고 있다는 증표다. 좋은 징조다. 그 에너지를 꺾기보다 방향을 바꿀 수 있게 도울 일이다. 자신을 표현하고 세상과 긴밀하게 연결될 수 있는 다양한 통로를 찾을 수 있도록 커뮤니케이션 능력을 키우는 것이 교육의 역할이다. 입술에 바르는 립밤이 어떤 아이들에게는 교과서보다 더 중요할 수 있다는 걸 이해하는 교사라면 아이들과 소통하는 데 어려움이 없을 것이다.

소통의 시대를 사는 아이들

계몽의 시대에서 소통의 시대로

얼마 전 방탄소년단이 빌보드 차트 1위를 한 '사건'을 접하면서 우리는 한류 바람이 국소적 또는 일시적 팬덤 현상이 아님을 새삼 확인하고 있다. 문화는 곧 소통이다. 말이 통하지 않아도 노래와 춤은 통한다. 우리 사회에서 소통의 물꼬가 전방위적으로 열리고 있는 징후가 보인다. 최근 일어나고 있는 미투운동이나 남북 간의 평화 바람도 이와 무관하지 않을 것이다.

클래식이 계몽시대의 산물이라면 팝은 소통의 시대 음악이다. 엘리트들은 여전히 대중을 계몽하고 싶어 하지만, 스스로 지식을 생산하고 유통할 수 있게 된 대중은 더 이상 지식권력의 계몽을 바라지 않는다. 문자혁명이 지식권력을 낳았다면 라디오와 텔레비전으로 시작된 매스미디어혁명은 문화권력을 낳았다. 문화권력은 한때 몇몇 사람들에게 집중되었지만 이제는 대중이 문화권력의 생산자이자 소비자로 역사의 전면에 등장했다.

정치권력과 문화권력은 작동 방식이 비슷하다. 대중의 인기를 얻으면 권력이 생겨난다. 정치인이 연예인과 비슷한 행태를 보이는 것은 둘 다 대중의 인기를 먹고 사는 존재이기 때문이다. '텔레비전에내가나왔으면정말좋겠네병', 줄여서 '안철수병'은 증상의 차이가 있을 뿐 대부분의 정치인, 연예인들이 걸리는 질병이다.

사실 이 병의 바이러스는 모든 사람에게 잠복해 있어 감기처럼 누구나 시시때때로 앓는다. 주위 사람들의 평판에 신경 쓰게 하고, 주목 받고 싶은 욕구를 불러일으키는 이 바이러스 덕분에 인간사회가 유지되는 건지도 모른다. 이 바이러스의 이름은 다름 아닌 '권력의지'다. 사람은 누구나 인정받고 싶어 하고 누군가에게 영향을 미치는 존재가 되고 싶어 한다. 돈은 이 권력의지가 물화된 형태라고 할 수 있다.

자본주의가 발달하고 대중민주주의가 뿌리를 내리면 대중문화가 꽃을 피우기 시작한다. 엘리트들은 대중문화를 하위문화로 폄하하려 들지만, 자신들의 기득권을 내려놓기가 싫기 때문일 따름이다. 지식의 갑질은 역사가 오랜 일이어서 쉽사리 고쳐지지 않겠지만, 이제는 그 갑질이 통하지 않는 사회로 가고 있다. 보수와 진

보 진영의 주류언론이었던 '조중동'과 '한경오'의 영향력이 눈에
띄게 줄어든 것이 그 사실을 말해준다. 권력의 대중화 시대다. 인
터넷과 SNS라는 새로운 소통수단이 그것을 가능하게 한다.

소통의 시대에 접어들었지만 학교는 여전히 계몽시대에 머물
러 있는 것이 오늘날 학교 문제의 핵심이다. 아이들은 이미 쌍방
향 소통의 시대를 살고 있는데 교사들은 교단 위에서 아직도 계몽
의 의지를 불태우고(?) 있다. 자신들의 아이돌을 만들어내고 그들
의 문화를 세계에 퍼트리면서 저만치 앞서나가고 있는 아이들을
교사들은 멀뚱멀뚱 쳐다보고 있는 중이다.

문자보다 이미지, 책보다 영상에 더 익숙한 신세대는 웬만한 정
보들을 유튜브로 접하고 있다. 그런 현실을 반영해서인지 최근 공
교육에 영화 과목을 신설하자는 움직임도 보인다. 영화관에 오는
아이들을 잡기 위해 학생주임이 극장에 잠복하던 시절이 엊그제
같건만, 격세지감을 느끼지 않을 수 없다. 하지만 영화 과목이 정
규 교과가 되면 과연 문화강국의 길이 열릴까? 오히려 아이들이
영화와 멀어지지 않을까.

갑질 사회와 학교 밖 아이들

한국의 문화 역량이 눈에 띄게 자라고 있다. 한류도 촛불혁명도
하나의 큰 흐름 속에 일어나는 현상이다. 한국인들의 단점으로 꼽

혔던 '빨리빨리'가 IT기술과 만나면서 변화를 촉진하기도 한다. 학교는 죽을 쑤고 있지만, 비교적 구김살 없이 자란 신세대들이 국경의 벽이 없는 온라인 세상에서 만들어가는 소통의 문화가 세상을 바꿔놓고 있다.

대안교육은 문화예술 분야에 강점이 있다. 이쪽에 재능과 적성을 타고난 아이들일수록 제도권 교육을 더 못 견뎌 다른 길을 선택하기 때문이기도 할 것이다. 다양성에 열린 태도를 갖고 있는 대안학교 문화에 젖다 보면 감수성이 더 예민해지기도 한다. 자연스럽게 문화예술 분야로 진출하는 아이들도 많은 편이다.

문제는 문화예술계가 복마전 같은 곳이라는 사실이다. 아이들의 순수한 열정과 존경심을 악용하는 어른들이 적지 않다. 최근 미투운동이 문화예술계를 강타한 것은 그곳이 그만큼 음습한 사설 권력이 뿌리내리고 있는 곳임을 반증한다. '망나니 짓'도 예술가의 객기 정도로 미화된다. 인맥과 연줄로 얽힌 그 바닥은 권력자의 눈 밖에 나면 살아남기 힘든 구조다. 세상 물정 모르는 십대들에게는 위험한 세계이기도 하다.

이십여 년 전 '학교 밖에도 길이 있다'고 목청을 높였지만, 돌아보니 학교 밖에는 길도 있지만 함정도 많다는 사실을 함께 이야기했어야 하지 않았나 싶다. 당시에는 함정이 눈에 잘 보이지 않았다. 첫 책 『학교를 넘어서』를 펴내면서 "우리는 적을 만났다. 그 적은 바로 우리였다"라는 월트 켈리의 말을 인용하며 우리 안의 함정에 대해 경계했지만, 그 함정이 어떤 양상으로 나타날지에 대해서는 잘 몰랐다.

대부분의 관계에서 아이들은 약자다. 학교에서도 집에서도 사회에서도 을의 위치에 있다. 학교를 나온 아이들은 을을 넘어 '병' 정도로 여겨지는 것이 현실이다. 새끼 개구리들에게 학교가 우물 안처럼 안전한 함정이라면, 학교 바깥은 위험한 함정들이 곳곳에 널려 있는 곳이다. 아이들을 도우려는 좋은 어른들도 많지만, 길을 찾고 싶어 하는 아이들의 간절한 마음과 성실성을 이용해 도제처럼 부리면서 경제적으로 착취하는 경우도 적지 않다.

도제 제도는 장점이 있지만 그만큼 악용될 소지가 많은 학습 시스템이다. 도제라는 명목으로 착취가 정당화되고 질 나쁜 마스터들이 학대하기 좋은 환경을 제공하기도 한다. 장인이라고 해서 인간적으로 성숙한 사람이라는 보장은 없다. 사회적 명성이 인간성을 보증하는 것은 결코 아니다.

한 홈스쿨러 가정이 얼마 전 어떤 청소년 연극단체 대표를 고발한 사건은 그 일단을 보여준다. 극단 연출가는 열아홉 살 청소년을 배우 오디션에 합격시켜 놓고는 극단이 운영하는 카페에서 하루 12시간 넘게 일을 시켰다. "카페를 안정시키는 것이 어려운 친구들이 연기할 수 있게 돕는 너의 사명이다" "이 시기가 지나면 널 최고의 배우로 만들어주겠다"면서. 수시로 폭언과 폭행을 당하면서도 몇 년을 버티던 청년은 결국 심신이 피폐해져 정신과 치료를 받기에 이르렀다.

그 청년의 경우 다행히 부모가 늦게나마 사실을 인지하고 다른 피해자들과 함께 법적 대응과 국민청원 등으로 대처해 승소했지만, 진실공방을 벌이는 과정은 지난했다. 많은 경우 교묘한 학대와 착취를 증명하기가 어려워 학대자는 엉성한 법망을 피해간다. 부모의 지원조차 받지 못하는 아이들의 경우 그 거미줄에서 스스로 헤어나기는 더욱 어렵다. 사회적 감시와 검증 시스템을 만들어가는 것이 절실하다.

모럴 해러스먼트

우리가 아름다운 동화로만 알고 있는 '어린왕자' 이야기가 사실은 모럴 해러스먼트$^{moral\ harassment}$*를 당한 왕자가 스스로 세상을 떠난 슬픈 이야기라고 말하는 야스토미 아유미 선생의 해석은 많은 것을 다시 생각하게 한다.** 장미와 왕자의 관계는 결코 아름답지 않으며, 여우는 어린왕자에게 2차 가해를 하는 엉터리 상담가일 뿐이라는 냉철한 시각은 삶의 또 다른 진면목을 드러내준다. "본질적인 것은 눈에 보이지 않는다"는 두루뭉술한 여우의 말에 고개

---

* 친밀한 사이에서 지속적으로 이루어지는 정신적, 정서적 폭력을 일컫는 말.
** 야스토미 아유미, 『누가 어린왕자를 죽였는가』, 민들레, 2018

를 끄덕이다 낭패를 볼 수도 있다는 것을.

장미의 매력에 사로잡힌 왕자는 장미의 비위를 맞추느라 우울증에 걸릴 지경에 이른다. 마침내 자기 별을 떠나 방랑길에 오른 왕자는 지구별의 사막에서 여우를 만나 길들임에 대한 조언을 듣고는 자책감에 사로잡혀 결국 스스로 뱀에 물리고 만다. 교묘하게 학대를 당하면서 오히려 스스로를 자책하게 되는 '이중구속' 상태에 빠지는 모럴 해러스먼트는 연인, 부모 자식, 상사와 부하 등 어떤 관계에서나 일어날 수 있는 현상이다.

자신이 학대를 당하는 줄도 모르고 교묘한 폭력에 시달리면서 우울증을 앓다 제 발로 세상 밖으로 나가는 이들이 적지 않다. 눈에 보이지 않는 정신적, 정서적 폭력이 눈에 보이는 폭력보다 더 심각한 위해를 가하는 경우가 많다. 어린왕자처럼 스스로 목숨을 끊은 이들의 상당수는 사실상 죽음으로 내몰린 것이다. 세상에 널리 알려진 죽음도 그럴 수 있다.

학교 시스템에 적응하지 못한 아이들이 자책감에 사로잡히는 것도 모럴 해러스먼트의 한 양상으로 볼 수 있다. 왕따 같은 학대를 당하는 아이들도 있지만, 학교 시스템으로 인해 정신적으로 학대당하면서 자신을 탓하는 아이들이 적지 않다. 극단적인 선택을 하는 아이들은 사실상 학교 시스템에 의해 살해당한 거라고 봐야 한다. 확실한 자기편을 찾지 못하면 그렇게 된다. 부모마저 아이 편이 아닐 때 아이는 기댈 곳이 없어진다.

사회화 과정이란 피아 구분을 하고 자기편을 늘려가는 과정이다. 학교가 아이들에게 해줘야 하는 일이지만 제대로 하고 있진 못하다. 학교 밖으로 나와도 힘들기는 마찬가지다. 부모의 지지를 받는 아이들은 그나마 버틸 수 있지만, 그렇지 못한 아이들의 경우 사회를 적으로 돌리는 비행에 빠져들기 십상이다. 아이들의 편이 되어줄 사람이 필요하다.

물에 빠진 아이를 건져주는 것으로 할 일을 다 했다고 할 수는 없다. 옷도 갈아입히고 먹을 것도 주고 기운을 차리도록 도와줘야 한다. '물에 빠진 사람 건져줬더니 보따리 내놓으라고 한다'는 속담이 있지만, 사람을 살리려면 끝까지 살려야 하는 법이다. 같은 편이라는 것을 믿을 수 있게 도와야 한다.

문화강국으로 가는 길

물에 빠진 사람을 구하기는커녕 약자를 오히려 물에 빠트리는 짓을 예사로 하는 이들이 있다. 갑질이 몸에 밴 인간들이다. 자신에게 주어진 쥐꼬리만 한 권력도 기어이 행사하고자 한다. 소인배들일수록 그렇다. 군대 경험이 있는 이들은 몸으로 겪어서 안다. 짬밥 수가 늘어나면 저절로 갑의 위치에 서게 되는 군대 시스템은 졸병 시절 당한 만큼 자신도 갑질하는 것을 정당화하는 구조다. 우리 사회에 만연한 갑질에는 군대 문화가 기여하는 바도 적지 않을 것이다.

갑을 관계만 그런 것이 아니라 인간관계의 본질이 권력 관계다. 연인 사이에서는 흔히 더 사랑하는 쪽이 약자가 된다. 연인 사이의 '밀당'은 일종의 권력 다툼이라 할 수 있다. 어느 한쪽의 힘이 지나치게 강하면 밀당은 성립하지 않는다(하지만 약자가 강자의 약점을 잡고 있으면 가능하다. 최근 북미 관계처럼 힘의 절대적 우위에 있는 미국도 함부로 하지 못하는 지점을 확보하고 있으면 약자도 승부를 걸어볼 수 있다).

권력이 작동하는 갑을 관계는 본질상 비대칭 관계이지만 그 비대칭이 심한 경우는 사회의 통제를 받아야 한다. 갑질 문화는 갑을 관계가 뒤바뀐다고 해서 결코 해결되지 않는다. 갑질의 폭력이 유난히 심한 사회에서 갑이 개과천선하기를 기대하는 것은 순진하다. 갑들이 갑질을 못하게 통제할 수 있어야 한다. 지금 우리 사회는 갑의 권력을 견제하는 사회적 장치를 만들어가는 과정에 있다. 문화의 본질은 약자의 목소리를 듣는 데 있고, 우리는 지금 그 귀를 열어가는 중이다.

공동체는 약자를 위해 존재한다. 아기를 돌보는 가정처럼, 힘을 합쳐 약자를 돌보는 가운데 공동체는 결속력을 얻는다. 동굴에 갇힌 13명의 태국 아이들을 온 세계 사람들이 발 벗고 나서서 구함으로써 인류는 스스로를 구할 수 있음을 증명했다. 그 아이들이 세상을 구한 것이다. 약자를 구하는 과정에서 인류애와 공동체성이 살아난다. 위험에 처한 약자에게 손을 내미는 것은 결국 우리 자신에게 손을 내미는 일이다.

아이들, 성소수자, 난민들을 타자로 여기는 사회는 위축되기 마련이다. 내심 두려움을 느끼는 사람은 약자에게 손을 내밀지 못한다. 스스로를 약자로 규정하고 저도 모르게 방어 모드가 된다. 그렇게 공동체의 약한 고리를 방치하는 사회는 결국 제 무덤을 파는 것이다. 문화는 공동체의 약자들이 자기 목소리를 낼 수 있을 때 꽃을 피운다. 제3지대, 낮은 곳에 있는 소외된 이들의 눈에만 보이는 것들이 있기 때문이다. 문화가 다양성을 토대로 하는 것은 그 때문이다. 산업의 시대가 저물고 문화의 시대가 열리고 있다. 일찍이 백범 선생이 꿈꾼 문화강국을 만드는 것은 문화예술인들의 몫이 아니라 우리 모두의 몫이다.

'선생님은 훌륭하다'는 믿음이
배움으로 이끈다

가르친다는 건 시대에 뒤떨어진 일일까

요즘 아이들에게 가장 인기 있는 선생님은 유선생님(유튜브)이다. 필요한 정보는 인터넷에서 얼마든지 찾을 수 있다. 어떤 분야는 아이들이 더 잘 아는 경우도 적지 않다. 장래 희망이 '인기 유튜버'인 아이들도 있다. 이런 시대에 교사의 역할은 무엇일까? 다만 안내자 역할에 그치면 되는 걸까? 가르치는 일은 이제 시대에 뒤떨어진 일일까?

대안교육은 '교육에서 배움으로' 패러다임의 전환이 필요하다는 메시지를 꾸준히 발신해왔다. 교육과잉의 시대에 대한 안티테제로서 적절한 메시지였을 수 있지만, 가르침과 배움의 긴장 관계를 너무 간단히 해석해버린 면도 있었음을 깨닫는다.

세상에 널려 있는 정보를 찾아내 혼자서도 뭐든 배울 수 있을 것 같지만, 배움의 과정은 그렇게 간단치 않다. 진짜 중요한 정보는 눈에 보이지도 손에 잡히지도 않는다. '사이'에 숨어 있기 때문이다. 글의 핵심은 행간에 있고, 행간의 의미는 눈에 보이는 텍스트에는 드러나 있지 않다. 교사는 그 '행간'을 보도록 도와주는 존재다. 그것은 전체를 보도록 도와주는 일이기도 하다.

전체가 부분의 합보다 큰 이유는 부분과 부분을 연결하는 그 '사이' 때문이다. 거기에는 순서가 있고 맥락이 있다. 알짜 정보는 그것들이다. 그러므로 교사는 전체를 볼 줄 알아야 한다. 그럴 때 학생이 지금 어디에 걸려 나아가지 못하는지를 알고 적절한 도움을 줄 수 있다.

유능한 코치는 선수의 동작을 보고, 동작과 동작 사이에 에너지가 어떻게 전달되는지를 읽어낸다. 어디서 그 흐름이 막히는지를 읽고 그 문제를 해결하기 위해서는 어떤 근육을 어떻게 훈련해야 하는지를 말해준다. 그런 도움이 없다면 선수는 오랜 시간 시행착오를 되풀이하면서 힘겹게 나아가거나 중간에 포기하게 된다. 팀 플레이의 경우 선수와 선수의 움직임 사이에 핵심 정보가 있다. 그것을 해석하고 문제를 개선할 줄 아는 사람이 유능한 코치다. 그처럼 교사의 역할은 전체의 흐름을 먼저 읽고 학생들이 놓치고 있는 지점을 짚어주는 것이다.

그러므로 교육과 배움은 함께 일어나야 한다. 줄탁동시(啐啄同時)다. 부화가 시작되면 병아리가 세 시간 안에 껍질을 깨고 나와야 질식하지 않고 살 수 있다고 한다. 아직 여물지 않은 부리로 딱딱한 껍질을 깨고 나오는 일은 쉽지 않다. 제 힘으로 껍질을 깨고 나오는 병아리도 있지만, 많은 경우 새끼가 안에서 쫄(啐) 때 어미 닭이 그 신호를 알아채고 밖에서 같이 쪼아줘서(啄) 한 생명이 태어난다.

자기주도학습이 유행처럼 퍼지면서 마치 아이들 스스로 배우는 것이 최선인 것처럼 오해하는 경향이 있다. 그동안 교육의 대안을 찾는 이들이 의심 없이 추구해온 가치들에 대해 문탁네트워크의 이희경 선생이 여러 해 전에 던졌던 물음이 있다. "모든 개인들이 스스로 자신의 인생을 개성껏, 창조적으로 경영해야 한다는 그 '자기'의 윤리학, 자기를 잘 챙기는 똘똘한 개인들이 모여서 사이좋게 사는 '더불어 사는 공동체'라는 이념, 그리고 좋은 학교와 좋은 교사, 좋은 프로그램이 그것을 가능하게 할 것이라는 교육학적 패러다임"에 대해 근본에서부터 다시 생각해보자고.*

상호의존성이 인간 존재의 본질이라면 배움 역시 그럴 수밖에 없다. 상호의존성, 상호작용의 관점에서 접근할 때 교육도 배움도 제 길을 찾을 수 있다. 그러므로 교육의 기능, 교사의 역할은 언제

---

* '자기주도학습, 너의 정체를 묻는다', 이희경, 격월간 《민들레》 74호

나 유효하다. 아이들의 성장을 낳는 배움은 '자기주도적으로' 일어날 수 없기 때문이다. 배움의 역설은 배우는 이가 정작 자신이 앞으로 무엇을 배울지 모른다는 데 있다. 자발성이 없이는 잘 배울 수 없지만, 그 자발성은 시작 단계에서는 방향성이 잡혀 있지 않다. 아이에게 "뭘 배우고 싶니?"라고 물어보는 것은 아이의 자발성을 배려한 것일 테지만, 이는 사실 태어나서 한 번도 먹어보지 못한 음식들로 가득한 메뉴판을 내밀면서 "뭘 먹고 싶니?"라고 물어보는 것과 같다.

훌륭한 선생은 학생이 뭘 배워야 하는지를 안다. 그것은 단순한 지식도 기술도 아니다. 지식과 기술을 습득하는 과정에서 말로 전할 수 없는 무언가를 깨닫게 된다. 선생은 그걸 직접적으로 가르칠 수는 없지만 그 길로 안내할 수는 있다. 유능한 야구 코치는 무조건 힘 빼고 던지라고 말하지 않고, 어떤 근육이 발달하지 않았는지를 꿰뚫어보고 어떤 트레이닝을 하라고 일러준다. 스승이 하는 역할이다. 덕산선사처럼 다짜고짜 몽둥이를 휘두르는 게 최선이 아닌 것이다.

지난 천오백 년 동안 세상이 훨씬 복잡해졌고, 인간에 대한 지식도 이해도 더 깊어졌다. 옛 선사들의 방법보다 나은 방법이 얼마든지 있을 수 있다는 열린 시각이 필요하다. 무턱대고 화두선이나 면벽수련 같은 걸 한다고 깨달음에 다가갈 수 있는 건 아니다. 교육의 길도 마찬가지다. 섬세한 접근이 필요하다.

교직의 안정성은 약일까 독일까

그렇다면 그런 실력 있는 교사를 어떻게 만날 수 있을까? 스포츠 세계라면 많은 연봉을 주고 검증된 코치를 스카웃하면 되겠지만 교육의 세계는 다르다. 학원계에서 유능한 강사를 스카웃할 수 있는 것은 학원강사들은 개인플레이를 해도 되기 때문이다. 하지만 학교교육은 팀플레이이므로 외부에서 유능한 교사 한 명을 스카웃해서 풀 수 있는 문제가 아니다. 게다가 성적만 올리면 되는 강사의 단순한 역할과 달리 교사의 '실력'이란 검증하기 힘든 영역이기도 하다.

그러므로 교사는 현장에서 길러지는 것이 최선이다. 교사회가 중요하다는 얘기다. 오랜 세월을 대안교육 현장에서 교사로 지낸 이철국 선생은 교사회야말로 교사양성기관이라고 말한다. 웬만한 사람이라면 그 현장에서 부대끼면서 교사로 성장할 수 있다. 어디 유능한 교사 없을까 두리번거릴 일이 아니라 안에 있는 교사를 어떻게 성장시킬 것인가를 고민해야 한다. 그럴 수 있는 여건을 만드는 것이 관건이다.

비인가 대안학교의 경우 교사의 이직률이 높다. 급여가 낮고 노동 강도는 높고 복지제도도 미비하니 오래 버티기가 쉽지 않다. 학교를 그만두는 또 하나의 큰 이유는 갈등으로 인한 감정노동이 주는 피로도 때문이다. 부모들이 설립한 비인가 학교의 경우 부모와의 갈등, 교사들 사이의 갈등으로 지쳐서 나가는 교사들이 적지 않다. 부모와 교사의 관계가 고용자와 피고용자 관계가 되면 교육의 질을 보장하기 힘들다. 교사회의 독립성을 보장하고, 회의하는 법, 의사결정하는 법 등 민주적인 공동체를 꾸려가는 노하우를 습득할 필요가 있다. 모두가 주인이라는 것이 모두가 사공이 되어야 한다는 말은 아니다. 모든 사람들이 모든 사안을 논의하면서 지난한 회의를 견디는 것이 민주적인 공동체는 아니다.

한편 인가받은 대안학교들의 경우는 부모와의 갈등이나 교사 내부의 갈등이 적은 편이다. 재정이 부모로부터 독립되어 있고, 교사 내부의 문화도 어느 정도 위계질서가 잡혀 있기 때문일 것이다. 그래서 일반 사립학교들처럼 10년, 20년 장기 근속하는 교사들이 많다. 그렇다고 장기근속이 반드시 좋은 일만은 아니다. 매너리즘이 작용하기 때문이다. 학교에서 일어나는 사건들은 비슷비슷하고 거기에 대처하는 방식도 비슷해진다. 교사들끼리 누가 어떤 주장을 할지 훤히 꿰고 있어서 회의도 빤하게 흘러간다. 안정성과 역동성, 두 마리 토끼를 다 잡으려면 인가형과 비인가형 중간 정도의 안정도가 적절할 것이다.

오늘날 제도권의 교직은 어떤 직업군보다 안정적인 직업군에 속한다. 한국의 교사 임금과 복지 수준은 OECD 국가 중에서도 최상위권에 든다. 아버지 세대에서는 기피하던 직업이 아들 세대에 와서는 가장 선망하는 직업이 되었다. 교직의 안정화는 교육에 약일까 독일까. 모든 약은 독성분을 담고 있듯이 교직의 안정화 역시 그럴 것이다. 세상 모든 일은 모순을 품고 있고, 그 모순을 해결해가는 과정이 일이 전개되는 과정이다. 한 가지 모순을 풀고 나면 또 다른 모순에 맞닥뜨리는 게 세상사의 법칙이다.

제도권은 역동성을, 비제도권은 안정성을 높여야 한다. 역동성을 높이는 길은 문을 여는 것이다. 고인 물에 새 물줄기를 공급하면 된다. 대표적인 철밥통인 공무원 세계에도 역동성이 살아나고 있다. 민간 영역의 전문가들이 공무원으로 발탁되는 '어쩌다 공무원(어공)'들이 늘고 있는 것이다. '늘공'과 '어공'이 긴장관계를 이루면서 공무원들의 복지부동 모드가 바뀌고 있다. 교직에서도 그런 흐름이 읽힌다. 공모형 교장제도 그 흐름의 하나일 것이다. 학부모 강사나 인턴십 멘토도 교직에 역동성을 불어넣는 역할을 일정 부분 할 수 있다. 하지만 좀 더 문을 열 필요가 있다. 교원노조는 이제 교직의 안정성보다 역동성에 주목해야 한다. 그 길이 교육을 살리고 교사도 사는 길이다.

비제도권 교직의 안정성을 높이는 길은 무엇보다 임금과 복지를 개선하는 것이다. 혹자는 저임금이 질 낮은 교사를 유입시킨다고 말하지만, 지금까지 대안교육 현장에서는 오히려 저임금이 거름장치 역할을 해서, 밥그릇보다 진정한 교육의 길을 찾는 교사를 선발하는 역할을 해왔다고 본다. 그런 열정적인 교사들을 성장시키지 못한 것이 문제라고 봐야 한다. 안정성과 역동성을 조화시키기 위해서는 재정 문제가 핵심 사안일 것이다. 이는 개별 현장 차원에서 풀기 힘든 문제다. 공공의 지원을 어떻게 끌어낼 것인가가 관건이다. 공공성과 자율성의 조화를 고민해야 한다. 비인가 대안학교 제도화 문제의 핵심은 여기에 있다.

교사의 질이 떨어진 것은 아니다

교사가 학원강사와 비슷한 처지가 된 오늘날 교사에 대한 신뢰나 존경이 예전 같지 않지만, 예전 선생님들이 교사로서 더 훌륭한 자질을 갖추고 있었던 것은 아니다.

1970년대만 해도 담임교사가 자기 반 아이들 몇 명을 데리고 과외교습을 하는 것은 공공연한 일이었다. 나머지 공부를 시키는 게 아니라, 과외비를 낼 수 있고 공부 잘하는 아이들을 대상으로 하는 특별 과외였다. 시험문제도 당연히 과외 학생들에게 유리했다. 그야말로 비교육적인 행위를 다들 태연히 하고 있었던 셈이다. 당시 과외는 촌지 못지않게 교사들의 주요 부수입원이었다. 교사 급여가 낮을 때여서 어느 정도 사회적으로 용인된 면도 있을 것이다.

교사답지 못한 교사는 예나 지금이나 많이 있다. 몇 십만 명이나 되는 필부들 집단 속에 '된 사람'이 얼마나 있겠는가. 촌지 교사, 폭력 교사, 성추행 교사, 별별 교사들이 세간의 이목을 끌었음에도 불구하고 교사에 대한 사회적 신뢰가 오랫동안 유지될 수 있었던 데는 교사다운 교사들의 공로 못지않게 '그래도 교사는 훌륭한 사람'이라는 집단 신념에 가까운 신뢰 장치가 작동했기 때문이라고 볼 수 있다. 순진한 아이들의 신뢰에 찬 눈빛이 교사들로 하여금 자신을 돌아보는 힘을 잃지 않도록 무언의 압력을 가하기도 했을 것이다.

"나는 '바담 풍' 해도 너희는 '바람 풍' 해야 한다"고 주문하는 선생님의 말씀을 진지하게 새겨 듣는 아이들의 순수함이 교육을 가능하게 한다. 학교교육은 근대화 과정에서 표준화된 인적자원을 양성하는 역할에 충실했지만, 대부분의 교사들은 아이들이 잘 자라기를 바라면서 마음속에 깃든 선함을 북돋우며 공동체의 미래를 염려하는 사람들을 길러내는 역할을 그런대로 했다.

오늘날 교직에 대한 선호도는 높은 반면 교사에 대한 신뢰도가 바닥에 떨어진 것은 교사의 자질이 떨어져서가 아니다. 오히려 자질은 옛날보다 더 나아졌다고 볼 수 있다. 구제금융 사태 이후 최고의 인재들이 교사를 지망하고 있고, 자기 분야의 전문성 또한 이전 교사들에 견줄 바가 아니다. 아이들에 대한 사랑이 예전보다 못한 것도 아니다. 예전에는 박봉에 마지못해 '교사질'을 한다는 이들이 태반이었다. 장래희망이 교사인 학생도 별로 없었다. 적어도 남학생들 사이에서는. 그러니까 오늘날 교사의 질이 떨어져서 신뢰도가 떨어진 것은 아니라고 봐야 한다.

신뢰장치에 문제가 생긴 것이다. 이 장치가 작동되기 위해 필요한 조건들이 달라졌다. 오늘날 교사는 편의점 점원에 가깝다. 점원과 소비자의 관계는 신뢰를 필요로 하지 않는다. 상품과 화폐의 교환이 정확하게 이루어지기만 하면 된다. 아이들은 소비자로 학교에 가서 교육상품을 구매한다. 학원처럼 원하는 상품만 고를 수 있는 게 아니라 패키지로 제공되는 것을 울며 겨자 먹기로 구입해야 하는 것이 다르다면 다른 점이다. 때문에 학생들은 되도록 대가를 덜 치르고 구매하기 위해 기를 쓰는 건지도 모른다. 이를 두고 우치다 타츠루는 아이들이 어쩔 수 없이 지불해야 하는 수업료를 덜 내는 방식이 아니라 학습노동을 덜 하는 방식으로 합리적인 소비행위를 하고 있다고 분석하기도 한다.

오늘날 부모들이 교사를 교육서비스업 종사자 정도로 여기는 풍토 역시 교육의 붕괴를 가속화하고 있다. 고학력의 전문직 부모들이 교사를 아래로 내려다보는 경향도 있다. 게다가 나이나 인생 경험이 더 많은 부모들은 "선생님이 몰라서 그러시는데…" 하며 젊은 교사를 학생 대하듯 하기도 한다. 교사가 대표적인 지식인 집단이었던 시대와 오늘날은 교사 위상이 다를 수밖에 없다. 이런 분위기는 아이들에게도 그대로 전해져 교사의 권위는 계속 내리막길을 걷는 중이다.

신뢰장치가 제대로 작동할 수 있게, 선생님은 훌륭한 사람이라는 믿음을 아이들에게 심어줄 수 있는 방법이 무엇일까? 무엇보다 부모들의 태도가 달라져야 한다. 부모가 존경하는 사람을 아이들도 존경하기 마련이다. 부모가 교사의 머리꼭대기에 올라가 있으면 아이도 그 옆에 앉아 있다. 아이가 성장할 수 없는 환경을 스스로 조장하는 셈이다.

부모와 교사는 아이들의 성장을 돕는 협력 관계에 있다. 팀플레이가 되어야 한다. 고객과 종업원 사이에 팀플레이를 기대할 수는 없다. 부모라면 교사를 존경하지는 못더라도 적어도 동료로서 존중하는 자세를 갖출 필요가 있다. 교사 역시 그런 자세가 필요하다. 공무원으로서 교사는 국가와의 관계에서는 '노동자' 포지션을 갖더라도, 부모와 학생들 앞에서는 '선생'이어야 한다.

교사는 배움의 구조가 작동되게끔 하는 역할을 맡은 사람이다. 선생과 제자라는 관계가 배움의 구조를 만들어내고, 선생의 역할은 제자를 배움의 역동성 속으로 밀어넣는 것이다. 인간의 삶에서 배움이 사라질 수 없듯이 교육은 사라질 수 없다. 교사 또한 사라질 수 없는 존재다. 직업으로서의 교사는 사라질지라도 먼저 태어나 먼저 전체를 볼 줄 알게 된 선생先生의 역할은 사라질 수 없다. 배움의 역동성은 그런 스승이 있음으로 해서 비로소 작동된다. 선생을 스승으로 모시는 제자의 태도가 제자를 성장하게 하기 때문이다. 깨닫지 못한 스승 밑에서도 깨달음을 얻은 제자가 나올 수 있는 원리가 여기 있다.

교사는 누구나 할 수 있어야 한다

사회가 지속가능하려면 부모와 교사의 역할은 누구나 맡을 수 있도록 시스템을 설계할 필요가 있다. 아기를 낳으면 부모가 되듯이, 누구나 교사라는 포지션에 서면 그 역할을 할 수 있게 사회구조를 만든다. 일단 아이들이 교사를 자신보다 한참 위에 있는 존재로 여기도록 기본값이 설정된다. 그래야 아이들이 성장할 수 있기 때문이다. 부모나 마을 어른들은 젊은 교사에게도 존칭을 쓰고 깍듯이 대한다. 평범한 사람도 훌륭한 인간으로 비치도록 구조적으로 짜놓은 것이다.

진실로 훌륭한 선생님을 만나는 일은 일생의 복이지만 누구에게나 허락되는 복은 아니다. 하지만 웬만한 사람도 아이들에게 훌륭한 선생이 될 수 있다. 우치다 타츠루는 '선생님은 훌륭한 사람'이라는 신뢰 그 자체가 교육을 가능하게 만든다고 말한다. 사실 교사라고 해서 일반인들보다 더 나은 사람들은 아니다. 평범한 필부들이 교사라는 직업을 택해 교단에 선다. 이렇게 만들어진 교사라는 집단에 대한 신뢰는 일종의 사회적 장치라고 할 수 있다. 공동체의 지속을 위해 교육이 제 기능을 하게끔 만들어진 사회적 신뢰장치라는 얘기다.

예전에 교실 앞에 놓여 있던 교단은 별것 아닌 것처럼 보이지만 이 신뢰장치가 작동되는 데 주요한 부속물이었다. 아이들보다 키가 큰 교사가 일어서 있기만 해도 뒷자리 아이들까지 보이는 데는 별 무리가 없었지만 교실마다 교단을 둔 것은 다른 의도가 있었다고 본다. 물론 키 작은 교사들이 칠판에 판서를 쉽게 할 수 있게 해주는 장치이기도 했겠지만, 그보다 본질적인 기능은 교사의 권위를 세우는 데 있다고 보는 것이 맞을 것이다. 교사는 우러러봐야 할 사람이라는 것을 물리적으로 구현하는 장치인 셈이다.

평범한 어른을 선생으로, 선생을 스승으로 만드는 일은 교단 같은 인위적인 장치나 제도만으로 되는 것이 아니다. 자기보다 나이 어린 교사이지만 아이들의 선생님으로 깍듯이 '모시는' 부모, 교사에 대한 사회 전체의 신뢰도가 아이들의 무의식에 '선생님은 훌륭하다'는 인식을 심어준다. 봉투나 밝히던 교사 김봉두가 섬마을에 가서 진짜 교사가 되어가는 과정을 코믹하게 그린 영화 〈선생 김봉두〉는 교사라는 존재가 부모를 포함한 지역사회, 거기에 영향 받은 학생들에 의해 만들어진다는 것을 잘 보여준다.

아이들로 하여금 선생님은 훌륭한 사람이라는 '착각'을 하도록 만드는 것도 필요하지만, 교사의 자질도 어느 정도는 받쳐줘야 한다. 적어도 교사는 '그런대로 괜찮은' 사람이어야 한다. '된 사람'은 아니어도 '될 가능성이 있는' 사람 정도는 되어야 교사로서 오랜 시간 버틸 수 있을 것이다. 거기에 더해 교사는 아이들을 좋아하는 사람이어야 한다. 아이들은 본능적으로 안다. 저 교사가 자기들을 좋아하는지 싫어하는지를. 자신에게 적대적인 사람이 아니라는 믿음, 자신을 도와줄 사람이라는 신뢰가 전제되어야 교육이 이루어질 수 있다.

교육의 역할이 사회화 기능이라 한다면 이는 다시 말해 누가 적이고 아군인지를 알 수 있게 도와주는 일이라고 할 수 있다. 타인을 자기편으로 만들어가는 과정이 사회화 과정이다. 타자성을 극복하지 못하면 계속 겉돌게 된다. 일베는 공동체를 타자로 돌림으로써 스스로 사회와 불화한다. 사회를 향해 자기 목소리를 내는 또 하나의 방식이긴 하지만, 그 권력의지는 방향이 잘못 잡힌 것이다. 공동체와 불화하는 사람은 시민성을 상실한 거다. 교육의 실패인 셈이다. 그러므로 부모와 교사는 무엇보다 아이들에게 타자가 되어서는 안 된다.

하지만 부모와 교사는 맡은 역할이 다르다. 부모가 교사 역할까지 떠맡는 것은 바람직하지 못한 경우가 많다. 교사와 부모가 같은 철학을 가지고 한목소리를 내는 것이 바람직한 것도 아니다. 학교에서도 집에서도 빨간약만 권한다면 아이는 숨 쉬기도 어려울 뿐더러 갈등을 겪으며 성장할 기회를 갖지 못하게 된다. 학교든 가족이든 아이를 둘러싼 어른 사회는 아이의 성장을 위해 서로 다른 역할을 맡을 필요가 있다.

아이를 공동체의 구성원으로 기르는 것이 교육의 역할이라고 한다면 교사의 역할은 공동체의 성격에 따라 달라질 것이다. 지난날 권위적인 교사들이 많았던 것은 우리 사회가 권위를 지향하는 사회였기 때문이다. 그러므로 민주사회로 나아가면서 교사상이 바뀌는 것은 당연하다. 하지만 만만한 친구 같은 교사가 꼭 바람직한 교사인 것은 아니다. 가까운 사람이 만만하지 않으면 스트레스가 심해져서 관계를 지속하기 어렵지만, 교사는 부모보다 만만하지 않은, 먼 듯 가까운 듯 존재하는 것이 더 낫다. 부모가 제 역할을 못하는 경우에는 교사 집단 안에서 부모 역할과 교사 역할을 나누어 맡는 것도 한 방법일 것이다.

민주적인 교사는 아이들을 타자화하지 않으면서 아이들보다 한 단계 높은 곳에서 전체를 바라보는 사람이다. 다른 교사들과의 관계에서도 마찬가지다. 민주적인 공동체는 구성원 각자가 전체를 대표하는 대표자로서의 인식을 가질 때 가능하다. 타자가 사라진 경지, 모든 존재가 나의 또 다른 모습임을 깨달은 경지까지는 아니어도 가까운 이들이 자기 편임을 아는 정도, 그리고 생각이 다른 사람일지라도 적으로 돌리지 않을 수 있는 정도면 기본 자질은 갖춘 셈이다. 그 속에서 아이들은 흔들리면서 성장할 것이다.

신뢰를 어떻게 회복할 수 있을까

신뢰가 약효를 결정한다

위약僞藥 효과, 플라시보 효과는 널리 알려져 있다. 제약회사가 임상시험 과정에서 반드시 거치는 과정이기도 하다. 밀가루 알약도 명약이라 믿고 먹으면 효과를 본다. 마음이 육체에 미치는 효과가 그만큼 크다는 얘기이기도 하고, 신뢰가 약효를 좌우한다는 얘기이기도 하다.

이중맹검법Double-blind experiment이라는 실험 방법이 있다. 신약의 효능을 시험하기 위해 약을 투여하는 사람도 투여 받는 사람도 진짜 약인지 가짜 약인지를 모르는 상태로 실험을 진행하는 것이다. 심리적인 요인으로 편향된 결과가 나오는 것을 방지하기 위해서다.

이 방법으로 미국 샌프란시스코의 한 학교에서 재미있는 실험을 한 적이 있다. 교장이 세 명의 교사를 따로 불러 이렇게 말했다.

"세 분 선생님은 우수한 교사로 뽑혀 특별히 지능지수가 높은 아이들을 맡게 되었습니다. 이 아이들을 잘 이끌어주시고 일 년 뒤에 얼마나 많은 성취를 이루었는지 보도록 하겠습니다."

일 년 후 그 학생들은 샌프란시스코 시 전체의 다른 학생들보다 20~30퍼센트 높은 성취도를 보였다. 그제서야 교장이 세 교사에게 고백하기를, 그 학생들은 특별히 뛰어난 학생들이 아니라 무작위로 뽑은 학생들이었다고 말했다.

"그렇다면 이 결과는 우리가 정말 우수한 교사라는 것을 증명하는 것이군요."

우수 교사로 뽑혔던 한 교사가 말했다. 그러자 교장이 말했다.

"한 가지 더 고백하자면, 선생님들 역시 우수 교사로 선발된 분들이 아닙니다. 그저 제비뽑기로 선택되었을 뿐입니다."

가짜 약을 학생들과 교사 모두에게 투여했는데 눈에 띄게 효과가 나타난 것이다. 일제고사식 성취도 평가라 할지라도 아이들의 성적이 평균 이상을 나타낸 것이라면 위약 효과는 확실한 셈이다. '바보로 취급하면 바보처럼 행동한다'는 말이 있다. 지적인 면에서만 이런 현상이 나타나는 것은 아니다. 인간은 주변의 신뢰에 부응해서 행동하는 경향이 있다. 윤리성도 신뢰에 연동해서 움직인다. 때로는 그 믿음이 배신당할 수도 있지만, '그럼에도 불구하고' 마지막 순간까지 신뢰를 잃지 않는 사람을 배신할 수 있는 사람은 없다. 여하튼 신뢰할 것이므로.

'아이들은 믿는 만큼 자란다'는 말처럼, 신뢰하면 그에 부응하는 것이 생명의 원리다. 교사 역시 그렇다. 신뢰하는 눈빛으로 자신을 바라보는 아이들을 배신할 수 있는 교사는 드물 것이다. 촌지 교사 김봉두가 변하는 과정을 코믹하게 그린 영화 〈선생 김봉두〉는 인간 심리와 교사의 자질에 대해 많은 이야기를 들려준다. 주변의 신뢰를 받으면서 자기를 신뢰하게 된 사람은 그 신뢰에 부응하는 행동을 하기 마련이다.

교단에 서면 웬만하면 훌륭한 교사로 보이게끔 만드는 사회적 신뢰장치는 상당히 효율적인 장치인 셈이다. 사실 교대, 사범대 같은 대학보다 이 신뢰장치가 교사를 키웠다고 보는 것이 맞을 것이다. 적어도 아이들의 선생님만큼은 훌륭한 사람으로 대우하는 문화가 교사를 교사로 만들고, 아이들의 성장을 도왔다. 서당의 훈장도, 근대학교의 교사들도 그 장치의 도움을 받아 그럭저럭 교사 역할을 할 수 있었던 셈이다.

교권은 아이들의 성장을 위한 것이다

그런데 언젠가부터 이 장치가 삐걱거리기 시작했다. 여러 가지 요인들이 작용하고 있겠지만, 80년대 말 전교조운동을 촉발시킨

'교사도 노동자'라는 프로파간다가 미친 영향도 적지 않을 것이다. 교육운동이 노동운동과 뒤섞이면서 교사의 정체성에 대한 사회적 혼란이 일어나고 교사를 바라보는 시선이 바뀌기 시작했다. 교육운동의 중심을 아이들에게 두지 않고 교사들의 권리를 앞세우기 시작하면서 오히려 교권이 추락하기 시작했다. 아이들의 선생이기보다 학교라는 직장의 노동자로 인식되기 시작하면서 교직이 서비스직의 일종이 되었다. 노동운동 덕분에 교사의 급여나 복지 수준은 높아졌지만, 그로 인해 안정된 직업으로서의 교직은 더욱 빠른 속도로 직업화되었다.

교사 중심의 교육운동이 자충수를 둔 셈이다. 전교조운동이 불필요했다는 것이 아니라, 노동운동과 교육운동을 뒤섞지는 말았어야 했다. 전교조 교사들은 대부분 훌륭한 교사들이었지만, 노동운동에 적대적인 우익들의 공격으로 인해 교육현장이 이념 논쟁으로 왜곡되고 교사들 간의 갈등이 깊어질 것은 충분히 예견되는 일이었음에도 그 길을 밀어붙인 것은 현명하지 못한 처사였다.

하지만 민주화운동의 연장선에서 교사들의 에너지가 그 방향으로 흐르는 것을 막을 길이 없기도 했다. 거대한 물줄기는 걷잡을 수 없는 법이다. 교육운동이 사회운동의 격랑에 휩쓸린 것은 피할 수 없는 일이었다고 볼 수 있다. 하지만 이오덕 선생 같은 분은 그 격랑 속에서도 전교조와 거리를 두면서 글쓰기연구회를 중심으로 아이들 중심의 교육운동을 펼쳤다.

한편 소비사회가 교육을 비지니스화하는 흐름도 교사의 정체성을 흐트리는 데 일조했을 것이다. '최저가 구매'에 익숙한 소비자들에게 부실한 패키지 상품을 강매해야 하는 오늘날 교사의 입장은 난처하기만 하다. 엎드려 자는 행위로 불매 시위를 하는 영악한 소비자들 앞에서 불량 상품을 열심히 팔아야 하는 처지가 된 셈이다. 유능한 교사도 무능한 교사도 처지가 다르지 않다. 그 자괴감이 교사들을 지치게 만든다.

인터넷과 인공지능도 교사의 자리를 위협한다. 교사는 더 이상 정보전달자로서도 역할을 인정받기 힘든 시대가 되었다. 아이들은 궁금한 것을 교사에게 묻기보다 네이버 지식인에게, 유선생님(유튜브)에게 묻는다. 거의 모든 정보가 공개되어 있어 어른이 더 이상 지식의 전수자가 될 수 없는 이 시대, 교사는 다만 안내자 역할을 해야 한다는 주장도 들린다.

교육은 교사의 질을 넘어설 수 없다는 말이 있지만, 교사의 자질을 논하기 전에 고장난 신뢰장치를 어떻게 복구할 수 있을지를 생각해볼 일이다. 교권이 바닥에 떨어진 시대, 소비사회, 정보화 시대에 교사에 대한 신뢰는 어떻게 회복될 수 있을까. 교사들이 교권을 주장한다고 회복될 수 있는 것은 아니다. 우선 교권 회복이 필요한 걸까 하는 물음부터 던져보자.

수많은 교사들이 평균 이상의 인간일 거라는 보장이 없다는 당연한 전제에서 출발해야 한다. 보통의 인간들이 아이들의 성장을 돕는 역할을 하려면 개인의 자질에만 기대서는 곤란하다. 평범한 어른인 교사를 훌륭한 스승으로 믿고 따르는 학생들, 아직 아무것도 증명하지 못한 학생들의 무한한 가능성을 믿는 교사, 이러한 상호신뢰의 관계 속에서 교육이 이루어지고 변화가 일어난다. 선생은 곧 '앞선 존재'라는 믿음이 제자로 하여금 앞으로 나아가게 만든다. 학생의 가능성은 무한히 열려 있다는 믿음이 어떤 상황에서도 교사의 역할을 포기하지 않도록 지지해준다.

교사는 '스승'까지는 아니어도 학생들보다 한 단계 위의 존재라는 인식을 학생들이 갖는 것이 필요하다. 교권이 필요한 까닭이다. 교권은 사실 교사보다 학생들의 성장을 위해 필요한 것이다. 개인의 인품이나 실력으로 스스로 권위를 획득하는 교사도 있지만 대부분의 교사는 사회에 기대어 권위를 유지할 수밖에 없다. 교사 집단이 교권보다 학생들의 인권을 지키기 위해 애쓰는 모습을 보일 때 교권은 살아날 수 있다. 교사 집단에 대한 신뢰를 회복해야 교사 개개인에 대한 신뢰가 회복될 수 있다.

아이들이 발신하는 신호를 들을 줄 아는 교사

모든 시대, 모든 사회에 통하는 교사상이 있을까? 공자나 소크라테스 같은 인류의 스승을 꼽을 수도 있겠지만, 아이들을 성장시키는 사회적 장치로서의 교사 집단에 대한 기준으로는 너무 높다.

우리 사회는 예로부터 소학 정도의 윤리를 가르치고 과거시험이나 대학입시를 잘 치르도록 도와주는 것을 교사의 역할로 여겼다. 그 일을 해내기 위해 교사의 권위를 강조했던 것은 우리 사회가 학력사회이자 권위를 지향하는 사회였기 때문이다.

민주사회로 나아가면서 권위적인 교사보다 아이들과 친구처럼 지내는 교사가 늘고 있다. 체벌 금지가 대세가 되어가는 것도 같은 맥락일 것이다. 하지만 아직 새로운 교사상에 대한 사회적 합의가 이루어지지 않은 채 세상은 빠르게 바뀌고 있다. 오늘날에도 좋은 교사의 사회적 기준은 '좋은 대학 보내는 데 도움을 줄 수 있는가'인 것이 현실이다. 사실상 학원 강사와 차이가 없다. 교사운동은 먼저 이 시대의 교사상에 대한 공감대를 넓히는 일부터 할 필요가 있다.

적어도 공교육은 건강한 시민을 기르는 것을 목표로 삼아야 한다. 공동체가 지속가능할 수 있는 기본 요건을 갖추는 것이 교육의 사회적 기능이다. 사회가 거기에 합의한다면 교사의 기준 또한 거기에 맞게 설정될 것이다. 문제는 그 합의가 아직 우리 사회에 없다는 점이다. 교사의 정체성이 혼란스러운 것은 당연하다.

아이들의 인권을 짓밟으면서 좋은 시민이 되기를 바랄 수는 없다. 시민들에게 물대포를 쏘면서 선량한 시민이기를 기대해서는 곤란하듯이. 아이들의 인권을 먼저 생각하는 것은 교사의 최소 요건이다. 그리고 아이들을 사랑하는 마음, 아이들이 세상과 소통할 수 있게 도와줄 수 있는 실력, 이 두 가지는 교사의 자질과 역량을 가늠하는 잣대가 될 수 있다.

커뮤니케이션에서는 수신과 발신 능력이 다 필요하지만, 교사의 경우는 수신 능력이 더 중요하다고 할 수 있다. 근대학교 시스템은 교사가 발신만 해도 웬만큼 돌아가게끔 설정되어 있지만 이제는 그런 시대가 아니다. 오늘날 많은 교실에서는 여전히 발신만하는 교사와 수신을 포기한 학생들이 각자의 역할을 연기하느라 곤욕을 치르고 있는 실정이다.

아이들과 소통할 줄 아는 교사의 자질이 더욱 요구되는 시대다. 발신만 하는 교사들 사이에서 수신이 되는 교사를 발견하면 아이들의 안테나는 그쪽을 향하기 마련이다. 귀는 기울이기만 해도 저절로 작동되는 고성능 안테나다. 문제는 요즘 교사들의 수신 능력이 신통찮다는 데 있다. 구제금융사태 이후 교직이 인기직종이 되면서 중산층 출신의 모범생들이 교사가 되고 있는 것도 큰 이유일 것이다.

커뮤니케이션 능력은 다양한 친구들과 어울려 놀고 다투기도 하는 가운데 자연스럽게 길러진다. 그런 점에서 수업시간보다 쉬는 시간이 진짜 교육이 일어나는 시간일 수 있다. 시험공부로 대부분의 시간을 보낸 모범생 출신 교사들이 학교생활에 어려움을 겪는 아이들의 사정을 이해하기란 쉽지 않다. 소외계층 아이들이 발신하는 소음에 가까운 신호들을 알아채기도 힘들다. 교사들은 수신 기능이 약화된 데 반해 사회가 복잡해지면서 아이들이 발신하는 신호는 더 복잡해졌다. 소통이 힘들 수밖에 없다.

교직은 수많은 아이들이 발신하는 복잡한 신호를 순간순간 캐치하고 제대로 해석해야 하는 난이도 높은 직종이다. 차선도 없고 신호등도 제대로 작동하지 않는 복잡한 도심에서 차를 운전하는 상황에 비유할 수 있다. 한적한 읍내의 신호체계에 익숙한 운전자에게는 위험한 상황이다. 교사를 뽑을 때는 녹색과 적색 신호만 분별하면 되는 단순한 신호체계에 적합한 사람인지 신호등도 차선도 없는 (또는 너무 많은 신호등과 표지판으로 뒤덮인) 도로에 적합한 사람인지 잘 살펴야 한다.

도심 운전은 웬만한 운전자라면 하다 보면 익숙해지지만 교육현장은 그렇지 않다. 날마다 누군가는 사고를 치고 생전 처음 겪는 일을 계속 맞닥뜨리는 곳이 교육현장이다. 그러므로 교사 양성과정과 임용과정에서는 무엇보다 커뮤니케이션 능력을 기르고 점검해야 한다. 서머힐학교 교장 닐은 교사 면접을 볼 때 이런 질문을 던지곤 했다. "아이들이랑 바닷가에 갔는데 돌아갈 시간이 되어서도 한 아이가 돌아가려 하지 않는다면 당신은 어떻게 하겠는가?" 수신과 발신 능력을 동시에 점검하는 질문이다.

교사 양성과 임용 방식에 대해 다시 생각해봐야 할 시점이다. 사회구조가 바뀌고 있기 때문이다. 오늘날 교사의 성장과정, 양성과정, 임용과정 모두가 수신 능력을 키우는 것과는 한참 거리가

멀다. 교단의 신뢰장치는 삐걱거리기 시작한 지 오래고, 더 이상
아무나 교사를 할 수 있는 시대가 아니다. 전방위적인 연결의 시
대, 소통의 시대에 커뮤니케이션 능력을 어떻게 기를 수 있을까.

수신 감도 높이기

커뮤니케이션을 잘하기 위해서는 무엇보다 수신 능력이 중요
하다. 온몸이 귀가 되어 안테나를 뻗을 수 있어야 한다. 아이들이
온몸으로 발신하는 신호를 온몸으로 들을 줄 아는 교사가 늘어나
는 만큼 교사 집단에 대한 신뢰가 살아날 것이다. 그 신뢰가 교육
의 질을 결정한다.

수신 능력은 곧 맥락을 파악하는 능력이다. 이것과 저것이 어떻
게 연결되어 있는지를 아는 것이다. 상반되는 신호들 속에서 메시
지와 메타 메시지를 구분할 줄 알고, 농담과 진담을 구분하고, 인
과관계를 아는 능력이다. 독해력도 비슷하다. 주어와 술어를 연결
짓고, 숨은 전제를 찾고, 행간에 녹아 있는 의미를 읽어내는 것, 단
어나 문장이 맥락 속에서 어떤 의미를 띠는지를 아는 것이다.

언어감각을 기르면 자연스럽게 맥락을 이해하는 힘이 생긴다.
주어와 술어를 제대로 연결할 줄 모르면 맥락을 파악하기 힘들다.
비슷한 단어의 뉘앙스 차이를 아는 것도 미묘한 신호를 포착하는
데 중요한 요소다. 언어 감각이 뛰어난 사람은 상황에 꼭 맞는 표

현을 쓸 줄 알며, 한 단어를 다양한 맥락으로 풀어낼 줄도 안다. 원래 언어라는 것이 맥락 속에서 가지를 뻗듯이 파생되어 만들어진 것이기 때문이다.

반복은 맥락을 치밀하게 만들면서 동시에 맥락을 파악하는 힘을 길러준다. 같은 그림책을 보고 또 보는 아이들은 스스로 수신 감도를 높이고 있는 것이다. 어른도 그렇게 할 수 있다. 책을 빨리 많이 읽는 것이 독해력을 기르는 좋은 방법은 아니다. 속독보다 천천히 곱씹으며 읽고, 좋은 책을 다시 읽는 것이 독해력과 사고력을 기르는 데 더 도움이 된다.

수신 능력은 언어 감각을 통해 기를 수도 있지만 몸을 통해 기를 수도 있다. 신체 감각을 기르는 무예, 무도의 목적 또한 궁극적으로는 수신 감도를 높이는 것이다. 몸의 감도를 높이는 것은 곧 신체의 맥락을 치밀하게 만드는 일이기도 하다. 몸을 유연하게 해서 에너지가 막힘없이 흐르는 상태로 만듦으로써 상대방이 발신하는 신호를 놓치지 않고 적절히 대응할 수 있게 된다. 몸의 길이든 언어의 길이든 수신 능력을 높이는 데 우열을 논할 수는 없다. 인간은 누구나 생존을 위해 본능적으로 수신 능력을 키우고 싶어하고, 자신에게 맞는 방식을 찾기 마련이다. 물론 두 가지 길을 다 택할 수도 있다.

유머 감각도 수신 능력과 관련이 깊다. 유머는 맥락을 의외의 방향으로 비트는 것이다. 가짜뉴스처럼 악의적으로 비트는 것이 아니라 연민과 해학으로 비튼다. 그렇게 전혀 예상치 못한 방향으로 맥락이 바뀔 때 세상을 바라보는 관점이 전복되면서 긴장이 풀리고 웃음이 터진다. 맥락을 자유자재로 비틀 수 있으려면 상당한 내공이 필요하다. 유머를 잘 알아듣지 못하는 사람은 그만큼 맥락에 둔감하거나 언어의 시냅스가 빈약한 사람이다. 수신 기능이 떨어지는 것이다.

이야기 또한 맥락을 이해하는 힘을 길러준다. 이야기는 그 속에 다양한 맥락이 얽혀 있을 뿐더러 이야기를 들려주는 상황 속에 또 다른 맥락이 숨어 있다. 같은 이야기도 누가 언제 어디서 누구에게 들려주느냐에 따라 전혀 다른 이야기가 될 수 있다. 이야기를 들으면서 자란 아이와 비디오를 보면서 자란 아이는 수신 능력이 다를 것이다. 이야기를 들려주는 것만으로도 아이들과의 소통이 훨씬 쉬워질 수 있다.

이야기는 주고받는 것이다. 이야기를 들려주고 듣는 행위는 연결되어 있음을 추구하는 인간의 원초적인 욕구에 닿아 있다. 원래 이야기는 보여주는 것이 아니라 들려주는 것이다. 영상매체의 발달로 이제는 이야기를 '보는' 시대가 되었지만, 아이들은 여전히 듣는 것을 좋아한다. 귀에 익은 음성으로 듣는 이야기 속에서 아이들은 세상을 좀 더 친근한 곳으로 받아들이게 된다. 우리는 이야기를 공유함으로써 삶을 공유하고 관계를 맺고 함께 살아간다. 이야기를 공유하는 것은 삶의 토대를 공유하는 것이다.

수신은 '듣기'다. '말 좀 들어라' 하는 말은 단순히 귀로 듣는 hearing 것을 넘어 귀담아 들으라listening는 말이다. '약이 잘 듣는다'는 표현은 약효가 몸에 스며들어 제 기능을 발휘한다는 뜻이다. 영어나 일본어에도 비슷한 용례가 있는 걸 보면, 듣는 행위가 인간에게 의미하는 바가 비슷함을 알 수 있다. 들음은 수동적인 행위이지만 우리 몸과 마음에 스며들어 삶을 바꾸는 힘이 있다. 귀를 여는 것은 곧 신뢰 속에서 마음을 여는 것이자 유연해지는 것이다. 유연함은 맥락을 풍성하게 하고 유머가 살아 숨쉬게 한다.

커뮤니케이션에서 발신보다 수신이 중요하다는 말은 단순히 말하기보다 듣기를 잘해야 한다는 말이 아니다. 발신자 없이도 수신이 이루어질 수 있다. 수신은 발신자의 메시지를 그대로 복사하는 것이 아니다. 2002년 월드컵 때 한국 사람들이 외치는 '오 필승 코리아' 응원가를 외국인들은 '오 피스peace 코리아'로 알아들었다고 한다. 평화라니! 아름다운 오해인 셈이다. 하지만 그렇게 수신된 메시지는 서로의 마음을 이어주고 세상을 더 살 만한 곳으로 느끼는 데 기여했을 것이다.

물론 세상에는 아름다운 오해가 아닌 '곤란한' 오해가 더 많이 일어나는 것이 사실이다. 하지만 메시지의 내용보다 더 중요한 것은 서로 연결되어 있음을 확인하는 것이다. 그러면 이야기가 이어진다. 연결을 확인하는 것만으로도 서로에 대한 신뢰가 생겨난다. 수신, 발신의 한자어 '信'은 신뢰를 뜻한다. 서로 신뢰를 주고받는 것이다. 신뢰는 상호간에 발신과 수신이 더 활발히 일어나게 하고 다음 단계로 나아가는 에너지가 되어준다.

서로의 메시지가 수신되고 있음을 확인하는 기쁨은 우리네 삶의 본질을 이룬다. 서로 공을 주고받는 단조로운 놀이가 은근히 중독성이 있는 것도 그 때문일 것이다. 인사를 주고받는 것도 마찬가지다. 눈인사든 손인사든 목례든 몸으로 나누는 커뮤니케이션의 가장 기본적인 행위가 인사다. '안녕'이란 말 한마디를 주고받음으로써 우리는 서로 연결되어 있음을 확인한다. 아이들과 인사를 잘 주고받는 것이야말로 교육의 시작과 끝일지도 모른다. 상황과 대상에 따라 자연스럽게 인사를 나누는 것이 생각처럼 쉽지 않다. 아이들이 인사법만 제대로 몸에 익혀도 사회생활을 하는 데 별 어려움이 없을 것이다.

교육현장은 커뮤니케이션을 활성화하는 다양한 교육과정을 갖출 필요가 있다. 토론식 수업 같은 것도 필요하겠지만, 인사처럼 숨겨진 교육과정hidden curriculum이 국영수 같은 정규 과정보다 더 중요할 수 있다. 예전에는 교사들이 인사를 받는 데 더 익숙했다면, 이제는 먼저 인사할 줄 아는 것이 교사의 주요 역량 중 하나일 것이다. 하이파이브를 하면서 아이와 손바닥을 마주치는 순간 발신과 수신이 동시에 이루어지는 짜릿한 경험을 하게 된다. 아이들은 그런 만남과 소통의 경험을 먹고 자란다.

3
교육은
사건이다

사건은 꼬리에 꼬리를 물고 이어진다. 과거가 미래를 제어하지만, 또한 미래가 과거를 결정하는 사건의 또 다른 측면을 간과하면 사건의 본질을 놓치게 된다. 금수저 흙수저 논쟁은 사건의 전반부만 본 것이다. 아이의 미래가 과거에 제약당하기도 하지만, 아이들의 성장을 돕고자 하는 이는 미래가 과거를 결정한다는 점을 한시도 잊어서는 안 된다. 아직 작품은 완성되지 않았고 시간은 우리 편임을 믿어야 한다.

삶이 곧 교육이라는 말의 의미

이십여 년 전 민들레는 탈학교운동의 기치를 내걸고 '삶이 곧 교육' '세상이 학교'라는 메시지를 발신하기 시작했다. 병원이 건강을 보장하는 듯한, 학교가 교육을 보장하는 듯한 착각을 불러일으키는 근대적 사회제도에 대한 이반 일리치의 문제제기에 공감했기 때문이다. 하지만 그동안 한국사회에서는 탈학교가 마치 학교를 벗어나는 것처럼 인식된 면이 없지 않다.

대안교육운동은 국가주도 교육을 벗어나(free) 자신이 원하는 교육을 할 수 있는 자유(liberal)를 추구해왔다. 안타깝게도 이 자유는 대체로 중산층이 누릴 수 있는 권리였고, 국가주도의 공교육 울타리를 벗어나는 데서 그쳤다. 바로 이 지점이 대안교육운동이 탈학교운동과 궤를 달리하는 지점이다. 우리 사회에서 '대안교육' 운동이 사실상 '대안학교'운동으로 흐른 것은 그만큼 학교체제의 자장이 강했다는 반증이기도 할 것이다.

세계적으로 탈학교운동, 대안교육운동을 추동해온 몇 가지 공통된 원칙이 있다. 아이들의 흥미와 자발성을 우선시하고, 따라서 교육보다 배움을 중요하게 여기며, 배우는 자와 가르치는자의 경계를 허물고, 교직의 문턱을 없애고, 세상을 학교 삼거나 학교 안팎을 넘나들고, 놀이와 경험의 중요성을 강조하는 것들이다. 이러한 가치를 지향하면서 놓친 것은 없는지, 대안 속에 숨은 함정은 없는지 돌아보며 우리가 딛고 선 패러다임을 살펴보고자 한다.

학교는 죽었다?

68혁명 이후 서구에서 일기 시작한 근대교육에 대한 비판의 목소리는 학교의 존재 가치를 다시 생각해보게 했다. 1970년을 전후해 학교교육을 비판하는 책들이 줄을 이었다. 『학교는 죽었다』(라이머), 『교실의 위기』(실버번), 『학교 없는 사회』(일리치), 『아이들은 왜 실패하는가』(홀트) 같은 책들이 쏟아지면서 근대교육을 넘어서기 위한 다양한 실험들이 이루어졌다.

근대학교에 대한 비판의 요지는 학교가 삶과 동떨어진 지식을 주입하면서 아이들의 호기심을 죽이고 배움에서 오히려 멀어지게 만든다는 것이다. 결혼이 연애의 무덤이라는 말처럼 학교는 배움의 무덤일지 모른다. 하지만 결혼을 위기상황에 대비한 상호부조의 사회계약이라고 본다면 연애의 끝이라 해서 결혼이 무의미한 것은 아니듯이 학교 또한 그 나름의 의미가 있다고 볼 수 있다. 결혼생활에서 낭만적인 연애 감정을 기대해서는 곤란하듯, 학교생활에서 가슴 뛰는 호기심과 배움의 열정을 기대해서는 곤란하다는 애기다.

사회의 모든 조직은 의사결정기구라고 할 수 있다. 가정도 학교도 회사도 정부도 마찬가지다. 인간사회에서 가정은 가장 기초적인 의사결정 집단의 단위다. 일부일처, 일부다처, 다부일처 등 결혼제도의 양상은 다양하지만 남녀가 부부 관계를 맺고 하나의 가정 단위를 이루어 그 공동체의 최소 의사결정 집단을 이루는 점은 비슷하다. 서당, 학교 등 배움터의 형태 역시 다양하지만 교사와 학생들이 서로 상호작용하면서 의사결정 능력을 키운다는 점에서 닮았다. 서원과 대학은 학력, 학벌을 통해 의사결정 집단을 구성하는 역할을 해왔다.

학교는 애초에 아이들의 학습을 위한 곳으로 기획되었다기보다 근대국가를 운영하기 위한 장치로 고안된 것이었다. 물론 개인 차원에서는 배움터 기능도 하지만, 국가 차원에서는 효율적인 의사결정이 가능한 긴밀한 상호작용 그룹을 만드는 기구이다. 조선시대 성균관이나 서원과 마찬가지로 근대학교 시스템은 사실상 학연과 학벌을 만들어내는 장치라고 볼 수 있다. 당파는 그렇게 만들어진 의사결정 단위였다. 오늘날의 정당과 비슷한 기능을 한 셈이다. 당파정치를 비난하는 것은 식민사관의 영향이 크다.

옛날이나 지금이나 아이들에게 학교는 친구를 만나는 곳이다. 공부는 혼자서도 할 수 있지만 친구는 혼자 사귈 수 없다. 학교는 다양한 지역에 흩어져 있는 아이들을 한곳에 모으는 것으로 제 역할을 거의 다했다고도 볼 수 있다. 아이들은 친구들과 어울리면서 관계 맺기 기술과 집단 속에서 자기 자리 찾는 법 같은 삶에 필요한 기술을 익히고 우정도 쌓는다. 이런 비형식 교육과정이 사실상 학교의 진짜 교육과정이라고 해도 틀리지 않을 것이다.

비형식 교육과정에는 '앞으로 나란히'나 '국기에 대한 맹세' 같이 국가가 의도하는 것도 있고, 교사가 의도하는 것도 있고, 학교 시스템 속에 내재된 것도 있다. 친구들을 사귀고 동창생 네트워크 속에 들어가는 일은 학교 시스템에서 자동으로 이루어진다. 아이들이 학교에 입학하는 것만으로도 사실상 학교제도는 반은 성공하도록 설계되어 있는 셈이다. 이 관점에서 보면 의무교육제도는 학교 시스템이 제대로 작동하기 위한 필수 장치이기도 하다.

그런 의미에서 학교는 아직 죽지 않았다. 수업시간에 대다수가 엎드려 잔다 해도 그것은 문제의 본질이 아니다. "학교가 죽었다"고 말할 수 있으려면 아이들끼리 상호작용이 일어나지 않아야 한다. 학교 수업이 제대로 이루어지지 않아도 아이들끼리의 상호작

용은 쉼 없이 일어난다. 왕따 같은 부작용이든 우정 같은 긍정적
인 작용이든 상호작용을 막을 도리는 없다. 인터넷과 세계화의 바
람 속에서 상호작용의 장으로서 학교의 역할이 줄어들고 있지만
어떤 시대 어떤 사회에서나 아이들의 성장에는 학교 같은 커뮤니
티 공간이 필요하다.

학교 밖에도 길이 있다?

학교의 교육독점을 깨트리고자 민들레 창간호에서는 '학교 밖
에도 길이 있다'고 목소리를 높였다. 그런데 이 말에는 전제가 숨
어 있다. 그것은 '학교 안에도 길이 있지만'이다. 사실 더 많은 길
이 있을 것이다. 학교 안에는 탄탄대로도 있고, 샛길도 많다. 아이
들이 모여 있다 보니 예산이 집중될 수밖에 없고, 특기와 적성을
살리는 길도 학교 안에서 찾기가 더 수월하다. 축구를 좋아하는
아이는 학교 바깥에서는 공 한번 차보기도 힘든 것이 현실이다.

어떤 진술 뒤에 숨은 전제에 주의할 필요가 있다. '학교 밖에도
길이 있다'는 진술은 자칫 학교 안에는 길이 없거나, 있어도 갈 만
한 길이 아닌 것 같은 인상을 준다. 학교 바깥에서 애써 찾아내야
하는, 또는 개척해야 하는 길이 진짜 길인 것처럼 생각하게 만든
다. 대부분의 사람들이 아무 생각 없이(?) 걸어가는 넓은 길은 망
하는 길인 듯 생각하게 만드는 뭔가가 있다. 숨은 전제의 위험성

이다.

이제서야 숨은 전제를 찬찬히 짚어보게 된다. 학교 안에 있는 길보다 학교 밖에 있는 (또는 있을 것 같은) 길이 과연 더 나은 길일까? 홈스쿨러들도 꾸준히 늘어나고 있지만 학교 바깥에서 길을 찾기란 여전히 쉽지 않다. 학교 바깥에는 많은 교육자원들이 있지만 그것을 제대로 활용하려면 남다른 정보력이 있어야 하고, 남이 가지 않는 길을 가는 용기도 필요하다.

민들레가 초창기에 홈스쿨링을 적극적으로 알린 것은 '교육=학교교육'으로 보는 사회의 통념을 깨고 학교를 상대화하는 작업이었다. 당시 울며 겨자 먹기로 아이를 학교에 보내고 있던 많은 부모들에게 숨통 역할을 했을 것이다. 용감한 부모들 중에는 아이를 설득해 학교에서 빠져나오는 이들도 있었고, 학교 다니기 힘들어하는 아이를 보다 못해 학교 밖을 선택하는 이들도 있었다.

하지만 우리 사회에는 학교 밖으로 나오고 싶어도 나올 수 없거나 본의 아니게 학교 바깥으로 밀려난 아이들이 훨씬 많다. 학교 안에서 시간을 죽이는 아이들, 밖에서 길을 헤매는 아이들에게는 공교육도 대안교육도 별 도움이 되지 못하는 것이 안타까운 현실이다. 최근 들어 정부도 이 아이들에게 조금씩 관심을 보이기 시작했지만 좀 더 긴밀한 민관의 협력이 필요한 지점이다. 길을 찾고 싶어 하지 않은 아이들은 없다고 믿는다면 도움의 손길을 내미는 것은 언제라도 늦지 않을 것이다.

어쩌면 길은 학교 안에 또는 밖에 있는 것이 아니라 다만 길을 걷는 사람이 있을 뿐이리라. 대부분은 스스로 길을 걷기보다 제도가 깔아놓은 레일 위를 달려가지만, 길을 찾는 수고를 마다하지 않는 이들이 있다. 학교 밖으로 나온 이들은 더욱 그렇다. 많은 이들이 '우리가 걸어가면 길이 됩니다'라는 말로 서로를 격려하며 힘든 길을 걸어왔다. 길 없는 길을 가는 이들에게 필요한 것은 차편도 지도도 아닌, 나침반 그리고 함께 걸을 길동무일 것이다.

길동무를 만나기에 학교 안과 밖 중에 어디가 더 나은 환경이라고 단언하기는 어렵다. 학교 안에는 많은 사람들과 자원이 있다. 손만 뻗으면 닿는 곳에. 학교 밖에는 더 많은 사람들과 자원이 있지만 손닿기가 쉽지 않다. 엔트로피 법칙처럼 시간이 흐르면서 학교 안팎이 평형 상태에 가까워지겠지만 손놓고 있는다고 저절로 그리 되지는 않는다. 길을 걷는 이들이 늘어나는 만큼, 새로운 길들이 생겨나는 만큼 학교도 세상도 달라질 것이다.

세상이 학교다?

삶과 동떨어진 교육에 대한 문제의식에서 출발한 대안교육은 '삶이 곧 교육이다' 또는 '교육은 만남이다'라고 주장한다. 홈스쿨러들은 '세상을 학교 삼아 배우는 아이들'이라는 표현을 곧잘 쓴다. 서울시학교밖청소년지원센터의 캐치프레이즈는 '서울이 학교다'이다. 삶과 동떨어지지 않은 교육을 지향하는 셈이다.

서구에서는 근대학교에 대한 비판이 본격적으로 일어나기 시작했던 1970년대 초부터 이런 움직임이 있었다. 미국의 대도시에서는 그때 이미 도시 곳곳의 교육자원을 활용하는 '벽이 없는 학교'가 공교육 안에 생겨났다.* 이런 혁신적인 시도는 몇 년 가지 못하고 공교육의 관성의 힘에 휩쓸리고 말았지만, 그 문제의식은 죽지 않았다. IT기술혁명이 세상을 바꿔놓던 90년대 중반에 시작된 메트스쿨의 혁신은 그 연장선에서 이루어지고 있다고 볼 수 있다.**

학교는 사회의 종속변수다. 교육이 사회를 변화시키기도 하지만 사회가 교육을 변화시키는 힘이 더 크다. 큰 방향은 사회의 변화가 정한다. 표준화된 인적자원을 길러 근대화에 성공한 국가들은 탈근대 시대로 접어들면서 표준화 교육의 한계를 자각하고 창의성을 강조하고 있지만, 이 또한 사회(경제)의 요구에 부응하는 것일 따름이다. 국가주도의 교육개혁이 경제의 종속변수가 되는 것은 피할 수 없는 일일 것이다. 그 흐름을 견제하면서 아이들을 살리는 인간중심 교육을 민간이 나서서 펼쳐야 하는 이유가 여기에 있다.

---

* 뉴욕의 '시티애즈스쿨City as School', 필라델피아의 '파크웨이 프로그램Parkway Program' 같은 혁신적인 공립학교들을 들 수 있다. 자세한 것은《민들레》12호, 14호 참조.
** 『학교를 넘어선 학교, 메트스쿨』, 민들레, 2010 참조.

교사는 비록 국가공무원 신분이라 할지라도 국가와 기업이 내세우는 가치와 다른 가치를 말할 수 있어야 한다. 경제가 아무리 중요하다 해도 인간이 경제를 위한 도구가 되어서는 안 된다는 것이 인간교육의 본질이다. 그것이 무너지면 사회가 무너진다. 그러므로 사회와 학교는 언제나 긴장관계 속에 있어야 한다. 학교의 담장을 낮추거나 허물어 아이들이 사회와 학교를 넘나들며 배울 수 있는 환경을 만드는 것이 학교교육의 개혁 방향인 것은 분명하지만 그 경계가 사라져도 곤란하다.

삶과 동떨어지지 않은 교육이란 것이 세상의 가치를 그대로 받아들이는 교육을 뜻하는 것은 아니다. 학교와 사회의 경계를 허무는 것은 자칫 배움에 독이 될 수 있다. '이에는 이, 눈에는 눈' 또는 '세상에 공짜는 없다' 같은 세상의 논리가 배움터에 그대로 적용될 경우 아이들은 성장하기 어렵다. 사랑할 줄 아는 사람을 기르고자 한다면 무엇보다 사랑을 주어야 한다. 세상에는 공짜가 없지만 가정에는, 배움터에는 있다. 부모와 선생은 대가를 바라지 않고 거저 나눠준다. 그런 사랑을 받아본 아이는 자라서 또 그런 어른이 된다. 세상이 망하지 않고 이어지는 힘이다.

시장도 좋은 배움터일 수 있지만, 만약 '소비자는 왕'이라는 시장 논리가 배움터에 파고들면 배움은 더 이상 일어나기 어렵다. 자신이 원하는 물건을 가능하면 적은 값을 치르고 구매하기 원하는 합리적인 소비자 마인드로 학습에 임하는 학생은 더 적은 학습

노동으로 더 높은 점수나 졸업장을 따기를 원한다. 오늘날 학교에 만연하는 교실붕괴 현상은 그러한 소비주체로 길러진 세대의 합리적 행동의 결과일지 모른다. 시장과 배움터의 경계가 사라진 셈이다.

우치다 타츠루의 말처럼 어떤 점에서 배움터는 세상과 분리된 온실 같은 곳이어야 할 필요가 있다. 인간은 홀로 생존할 수 없게 태어나 유난히 긴 성장기를 거친다. 어린아이들이 제대로 성장하기 위해서는 세상의 논리와 다른 논리가 적용되는 공간, 시장과 다른 원리가 지배하는 공간이 필요하다. 엄마 품이 그러하고 가정이 그렇고 배움터가 그렇다. 아이들은 그런 안전한 공간에서 안심하고 자기 세계를 구축해가면서 성장한다.

학교와 세상이 높은 담장으로 나뉘어 있는 것처럼 보여도 경쟁의 논리가 지배하는 학교는 사실상 온실이 아니다. 성적순으로 자리를 배정하거나 우열반을 나누는 일은 기업에서도 하지 않는 일이다. 성적을 게시판에 공개하는 학교는 영업 실적을 막대그래프로 그려 게시하는 보험회사를 닮았다. 세상의 논리에 충실한 학교에서 아이들은 성장하는 것이 아니라 늙는다. 애늙은이가 되는 것이다.

한편 대안학교들은 어떤 면에서 외부와 차단된 온실과 유사하다. 닫힌 온실은 식물 생장에 좋지 않다. 아이들에게 갈등과 선택의 여지를 없애는 것은 성장에 도움이 되지 않는다. 온실을 잘 관리하는 요령은 낮에는 문을 활짝 열어 바깥 공기를 쐬게 하는 것이다. 세상의 논리에 휘둘리지 않으면서 동시에 세상을 향해 열려 있는 온실을 만들어야 한다.

자유학기제가 확대되고, 체험학습이나 인턴십 제도가 확산되면서 학교와 사회를 나누던 높은 담장이 점점 낮아지고 있다. 하지만 학교가 담장을 낮춘다고 해서 아이들이 세상 속으로 쉽게 발을 들여놓을 수 있는 것은 아니다. 아이들의 인턴십을 받아들일 수 있는 일터도 흔치 않다. 아이들이 학교와 사회를 넘나들며 배울 수 있으려면 세상이 바뀌어야 한다. 노동환경, 아이들을 대하는 어른들의 태도가 달라져야 한다. 학교 바깥에는 아이들을 도우려는 선한 어른들만 있는 것이 아니라 이용하려 드는 어른들도 있으므로 아이들이 자기를 지킬 수 있도록 준비시킬 필요도 있다.

누구나 교사가 될 수 있다?

'삶이 곧 교육'이라는 등식의 전제는 '누구나 교사가 될 수 있다'는 것이다. 아이를 낳고 기르는 일처럼 사회가 유지되기 위해 반드시 필요한 일이라면 그 일은 누구나 할 수 있도록 제도가 설계되기 마련이라는 것이 인류학의 통찰이다. 그런 면에서 근대학교 제도가 자리 잡으면서 생겨난 교사자격증 제도는 인류사적으로 볼 때 매우 특이한 제도인 셈이다.

하지만 학교교사가 국가의 대리인으로서 인적자원을 관리하는 행정가에 가깝다고 본다면 그다지 특이한 제도가 아닐 수 있다. 일선 교사는 교육행정의 말단 실무자에 가깝다. 교사들의 오래된 불만 중 하나가 잡무가 많다는 것인데, 사실은 아이들을 관리하는 그 일이 교사들에게 맡겨진 첫 번째 업무라고 할 수 있다. 아이들을 관리하는 틈틈이 기초지식도 전수하는 것이 근대학교에서 교사에게 요구되는 일이었다.

간혹 행정가보다 교사로서의 정체성을 강하게 갖고 있는 '불량' 교사들이 나타나지만, 그들은 학교 시스템 안에서 '버그' 같은 존재로 취급된다. 근대학교 시스템은 버그를 치료하는 강력한 백신을 갖추고 있는데, 다름 아닌 승진제도다. 승진점수는 교사가 되고자 하는 이들을 행정가의 길로 유도하는 강력한 유인제다. 세심하게 승진 점수를 관리하는 교사들은 더 빨리 교감, 교장이 될 수 있겠지만, 아이들에게는 그만큼 소홀해지기 쉽다. 승진제도를 바꾸지 않고는 교사문화를 바꾸기가 쉽지 않을 것이다.

'누구나 교사가 될 수 있다'는 신념을 현실에 적용할 때는 세심한 주의가 필요하다. 인간에 대한 이해, 책임감, 커뮤니케이션 능력 등 여러 요소를 고려해야 한다. 대안학교처럼 자격증을 요구하지 않는다 해도 다음 세대의 교육을 책임지는 막중한 일인 만큼 그 자질에 대한 사회적 기준은 있기 마련이다. 누구나 농사를 지을 수 있지만 제대로 농사를 지으려면 작물의 특성에 대한 지식과

때를 놓치지 않는 노고가 필요하듯이, 아이들의 성장을 돕는 일도 그에 못지않은 지식과 노고를 필요로 한다.

일반학교, 대안학교를 막론하고 교사라면 적어도 아이들의 발달과정과 기질에 대한 이해가 필요하다. 아이를 둘러싼 환경도 잘 알아야 한다. 농작물은 농사꾼의 발소리를 듣고 자란다는 말도 있지만, 사랑과 관심이 중요한 만큼 적절한 영양소와 햇볕, 바람도 작물이 자라는 데 없어서는 안 되는 요소들이다. 생명에게는 물질적인 요소와 비물질적인 요소가 다 필요한 법이다. 아이에 대한 깊은 이해 없이는 지혜로운 교사가 되기 어렵다.

교사의 자질에서 교신 능력도 빼놓을 수 없다. 교신에는 수신과 발신이 모두 중요하지만 교사의 경우는 수신 능력이 더 중요하다. 아이들이 발신하는 소음에 가까운 신호를 수신할 수 있는 안테나를 갖춘 교사는 흔치 않다. 여러 가지 이유로 성장 과정에서 커뮤니케이션 능력에 치명적인 손상을 입은 사람은 성인이 되어서도 회복이 쉽지 않다. 물론 그런 사람도 때로는 좋은 멘토 역할을 하는 수가 있지만(〈그랜 토리노〉 영화에서처럼), 특별한 경우라고 봐야 한다.

근대학교는 교사들이 발신만 잘해도 그럭저럭 돌아가게 시스템이 설계되어 있지만 이제는 새로운 교사상이 요구되는 시대다. 교사를 양성하거나 채용할 때 수신 능력을 기르고 점검하는 작업을 의식적으로 할 필요가 있다. 적어도 일상적으로 아이들을 만나는 교사는 아이들이 발신하는 신호를 캐치해낼 수 있는 민감한 안테나를 갖추고 있어야 한다. 행정가나 지식전수자 역할만 하는 교사는 앞으로 설 자리가 점점 좁아질 것이다.

무엇보다 교육은 팀플레이라는 사실을 유념할 필요가 있다. 아무리 유능한 교사라 할지라도 혼자서 아이의 성장을 도모할 수는 없다. 아이의 성장에는 세 명의 어른이 필요하다는 것이 인류학의 통찰이다. 아버지와 어머니 그리고 삼촌 또는 이모가 적절히 역할 분담을 할 때 아이는 건강하게 자란다는 것이다. 한쪽이 엄하면 다른 한쪽은 자상하거나, 동성 어른 한 사람이 세속적이면 다른 한 사람은 다른 가치를 추구하는 식으로 서로 다른 에너지를 불어넣는다. 대가족이 해체된 오늘날에는 삼촌과 이모의 역할을 교사가 대신한다고 볼 수 있다.

그런 역할을 하는 어른이 없으면 사춘기에 접어든 아이들의 경우 갈등 상황에 처했을 때 더 어려움을 겪게 된다. 주변 어른들로부터 한 가지 메시지만 수신하게 될 때 아이는 제대로 성장하기 힘들다. 서로 다른 메시지의 '사이'에서 아이들은 숨 쉴 틈을 발견하고 스스로 생각하는 힘을 기른다. 성장한다는 것은 이럴까 저럴까 하는 갈등 상황에서 현명한 판단과 행동을 하는 힘을 기르는 것이다. 그러므로 하나의 이상적인 교사상을 그릴 수는 없다. 아이가 처한 상황에 따라 적합한 교사상이 달라질 것이므로, 배움터에는 다양한 성향의 교사들이 있는 것이 바람직할 것이다.

경험으로 배운다, 삶이 곧 교육이다?

1970년대에 서구에서는 수많은 혁신적인 학교들이 생겨났다 사라졌지만 일반학교는 그다지 달라지지 않았다. 1990년대 초, 미국의 학교교육을 신랄하게 비판한 존 테일러 개토는 "외딴 곳에서 자동차 팬벨트가 끊어지면 망할놈의 피타고라스 정리나 중얼거리면서 얼어죽을 것"이라고 한 청년의 말을 전했다. 혁신이 관성의 힘을 넘어서려면 상당한 에너지가 필요하다. 단지 시간이 흐른다고 되는 일은 아니다.

관성의 힘을 넘어설 수 있는 에너지는 바깥에서 온다. 학교를 변화시키는 힘 또한 학교 안에서 생겨나기보다 밖에서 온다. 세상이 바뀌면서 학교가 변하고 있다. 산업화 시대가 저물고 정보화 시대로 넘어오면서 학교교육 또한 변하지 않을 수 없는 상황에 놓였다. IT혁명이 학교개혁에 에너지를 불어넣고 있다. 표준화 교육으로는 다양화의 시대에 살아남을 수 없다는 절박감이 변화를 강제한다. 공룡 같은 공교육 체제가 시대 변화를 따라가지 못하고 불협화음을 내고 있지만 이제는 시간 문제라고 봐야 한다. 변하지 않으면 도태되기 때문이다.

직각삼각형의 원리를 정리한 '피타고라스의 정리'는 "망할놈의" 정리가 아니라 일찌기 인류가 발견한 우주의 비밀 중 하나다. 그 비밀을 모든 아이들이 알 수 있게 공개한 것이 공교육이지만,

그 공개 방식이 적절치 못한 탓에 저 정리는 "망할놈의" 소리를 듣는 억울한 처지가 되고 말았다. 스푸트니크 쇼크* 이후 미국은 본질주의 교육으로 선회하면서 피타고라스 정리 같은 기본 개념과 원리를 아이들 머리에 집어넣기 위해 다시 한 번 무리수를 두었지만, 중도탈락하는 학생들이 급증하면서 70년대 이후 진보주의 교육이 다시금 득세하는 빌미를 제공했을 따름이다.

개념과 원리를 가르치는 방법이 적절치 않았다. 맥락 없이 단편적인 지식을 암기하게 하는 것은 본질주의 교육의 방법론이 얼마나 형편없는 것인지를 말해준다. 개념과 원리의 중요성만 알았지 그것을 어떻게 가르칠 수 있는지에 대해서는 무지했던 셈이다. 근대식 학교의 표준화 교육 시스템의 한계일 수도 있다. 교육의 형식과 내용이 맞지 않았다고도 볼 수 있다.

맥락 없이 나열되는 지식은 개념을 이해하는 데 도움이 되지 않는다. 개념은 맥락 속에서 그 의미가 분명해지기 때문이다. 원리 역시 다양한 맥락 속에서 그 깊은 의미를 드러낸다. 수학의 숱한 개념과 원리는 서로 연결되어 있어 한 가지를 제대로 이해하면 다른 개념과 원리를 이해하기가 훨씬 수월하다. 경험주의든 본질주

---

* 1957년 소련이 세계 최초로 우주선 스푸트니크호를 쏘아올리자 큰 쇼크를 받은 미국은 과학기술에서 소련에 뒤처진 원인을 교육에서 찾았다. 아동중심의 교육에서 기초학문을 중시하는 방향으로 급선회하면서 과학교육 예산을 5배로 늘였다. 공교육에서 진화론을 가르치기 시작한 것도 이때부터다.

의든 상호작용과 맥락의 중요성을 간과한 결과 실패한 교육이 되고 말았다.

전통적 교육이 교과 지식을 강조했다면 이른바 진보주의 교육은 학습자의 흥미나 자발성을 지나치게 강조하는 경향이 있지만, 문제는 교과중심이냐 학습자중심이냐가 아니다. 아이들의 흥미에서 시작해 인류가 이룩한 지적 유산을 전수하는 데까지 나아가야 한다.* 흥미를 북돋우면서 아이들이 미처 모르는 세계로 이끄는 것이 교사의 역할이다. 우리에게는 인류의 자산을 상속받아 다음 세대에 전할 책임이 있다.

경험주의 교육과 본질주의 교육 사이의 오래된 긴장 관계는 사실 서로의 주장에 대한 오해에서 비롯된 면이 적지 않다. 경험주의가 실용주의로 경도되면서 생겨난 오해이기도 할 것이다. 환경과의 상호작용 속에서 경험의 재구성을 중요시하는 듀이의 교육론은 개념과 원리를 중시하는 본질주의 교육과 배치되는 이론이 아니다.

1970년대 서구의 프리스쿨 운동과 2000년대 한국의 대안교육 운동은 아이의 흥미와 특성을 고려하지 않는 교과중심 교육의 폐

---

* 수천 년에 걸친 인류의 지적 생산물이 디지털 자료로 집적되어 books.google.com, artandculture.google.com 같은 온라인 공간에서 누구나 접근할 수 있게 되었다. 인공지능 번역기의 발달로 언어의 장벽이 점점 낮아지고 있지만, 사실상 세계공용어가 된 영어의 위상은 점점 높아지고 있다.

해에 대한 반작용으로 듀이의 교육론으로 선회했다고 볼 수 있다. 하지만 아동중심, 학습자중심에서 더 나아가지는 못했다. 개념과 원리를 이해하고 연역식으로 사고하는 훈련은 인지교육의 핵심이다. 수학과 과학은 연역식 사고에 기초해 있다. 언어 역시 연역식으로 학습된다(학교의 외국어 학습이 실패하는 까닭은 귀납식으로 접근하기 때문이다).

연역식 사고를 돕는 인지교육에 서툰 것은 공교육도 대안교육도 마찬가지이다. '해봄으로써 배운다learning by doing'라는 듀이의 교육철학 영향을 받아 체험학습을 강조하지만, 대개는 '한번 해보는' 것에 그친다. 맛보기 식의 경험으로는 깊은 체험도 어려울 뿐더러 인식의 영역으로까지 나아가기란 불가능하다. 키노쿠니학교 아이들이 산비탈에 미끄럼틀을 만들고, 공무점을 지어 실제로 활용하는 것처럼 실전에서 제대로 해보는 것이 중요하다. 그 속에서 피타고라스 정리도 익힐 수 있으면 금상첨화다.

우리는 환경과 상호작용하는 가운데 자신의 경험을 재구성하여 지식을 체계화하고, 사고와 행동 양식을 조정해간다. 사회속에서 이루어지는 이런 조정 과정이 곧 민주주의다. 듀이는 교육의 역할을 무엇보다 시민을 기르는 일, 곧 공동체가 추구하는 가치체계를 형성하는 데 참여할 수 있도록 돕는 일이라고 보았다. 그런 의미에서 민주주의 교육은 결국 팀플레이를 할 줄 아는 지성인을 기르는 것이라고 할 수 있다. 지성이란 다른 존재들과 소통할 줄 아는 능력이다.

　인류의 지적 유산을 전수하는 일 못지않게 중요한 교육의 역할
은 이러한 팀플레이를 훈련하는 일이다. 태고적부터 인간이 하는
거의 모든 활동은 팀플레이로 이루어져왔다. 사냥도 육아도 팀플
레이다. 학문도 스승과 제자, 동료들 사이의 교류와 협력 속에서
이루어진다. 인류가 이룩한 모든 진보는 협력과 상호작용의 결과
다. 집단지성의 산물인 셈이다. 어떤 의미에서는 협동 능력, 의사
소통 기술이야말로 인류의 중요한 지적 유산이라 할 수 있다.

　현대의 과학기술은 개인의 힘으로는 접근조차 힘든 것들이 많
다. 국가 단위를 넘어선 프로젝트들이 추진되고 있다.* 생판 모르
는 사람들끼리 공동의 목표를 위해 팀을 이룰 수 있는 그 자체가
대단한 능력이다. 오늘날 인류는 시공간의 제약을 넘어 하나의 거
대한 집단지성을 형성하고 있다. 과학기술의 발달은 이러한 집단
지성의 힘에 의지하고 있다.

　교육은 시민의식을 일깨우고 더 나아가 자신이 인류의 일원임
을 자각할 수 있게 돕는 일이다. 경험교육은 체험교육을 넘어서
주관적 경험인 체험을 객관화할 수 있도록 도와야 한다. 자신의
경험과 생각을 다른 사람들과 나누고, 다른 사람의 경험과 생각을

---

* 스위스 제네바에 있는 유럽입자물리연구소CERN의 LHCLarge Hadron Collider는 입자가속
기의 일종으로, 85개국 1만여 명의 물리학자들이 참여하는 인류 최대의 과학실험이
다. 한국 과학자들도 140여 명이 참여하고 있다.

이해함으로써 우리는 더 나은 인식의 단계로 나아간다. 그렇게 활발하게 상호작용을 함으로써 공동체와 긴밀한 관계를 맺을 때 삶이 곧 교육이 될 수 있다.

길은 사이에 있다

학교 밖에도 길이 있다, 세상을 학교 삼아 삶에서 배우고, 경험으로 배운다, 누구나 선생이 될 수 있다, 이 주장들은 사실 새삼스럽다. 배우는 능력은 곧 생존 능력이다. 모든 인간은 언제 어디서나, 누구에게나 배우기 마련이다. 그러므로 저 주장들은 당연한 사실을 되풀이한 것에 지나지 않는 것일 수 있다. 다만 어떤 진술 앞에는 전제가 있다는 사실을 놓쳐서는 안 된다. 전제를 숨긴 진술은 진실을 왜곡할 우려가 있기 때문이다.

지난 20여 년 대안교육운동은 치열하고 헌신적이었지만 열정이 앞서서 미처 보지 못하고 놓친 부분들이 있다. 부모와 아이들을 선별한 것은 초기에 학교를 안정시키기 위한 손쉬운 방법이긴 했지만 교육적인 관점에서는 그다지 바람직하지 않은 일이었다. 대안학교 아이들이 친구네 집에 가보면 책장에 꽂힌 책들이 비슷비슷하다는 얘기를 한다. 경제적, 문화적 환경이 비슷한 아이들끼리 모이면 그만큼 교육생태계가 단조로워진다. 교사들까지 비슷한 이들이 모여 있다면 더욱 그렇다.

아이들 주변의 어른들이 같은 메시지를 발신하는 것은 아이들의 성장에 좋지 않다. 이쪽 저쪽의 이야기가 다르면 아이들은 혼란을 느끼게 되지만, 그 갈등 속에서 아이들은 성장한다. 서로 다른 이야기의 틈새에서 숨을 쉴 여지가 열린다. 빨간약 파란약 논쟁이 아이들로부터 촉발된 것은 빨간약만 건네는 대안학교 문화 속에서 숨이 막혔기 때문일 것이다.

길은 사이에 있다. 빨강과 파랑의 사이, 이곳과 저곳의 사이, 이 사람과 저 사람의 사이, 나와 세상 사이에 보이지 않는 길이 있다. 그 길을 스스로 걸어보면서 이쪽과 저쪽을 연결할 수 있는 능력을 기르는 것이 배움이고 성장이다. 공부는 이것과 저것이 어떻게 연결되는지를 아는 것이다. 사실 모든 공부는 '사이'를 보는 것이라고 할 수 있다. 의미가 행간 속에 있듯이, 진짜 정보는 사이에 있기 때문이다. 사이를 보면 맥락이 보인다. 자연세계의 맥락을 이해하는 학문이 자연과학이라면 인문사회과학은 인간과 사회의 맥락을 이해하는 학문이다.

맥락과 사이에 눈뜨게 도와주는 것이 교육의 역할이다. 인맥은 사람과 사람 사이에 난 길이다. 그 길은 좁아졌다 넓어졌다, 이쪽으로 이어지다 저쪽으로 이어지기도 하면서 끊임없이 변한다. 바둑처럼 새로운 돌이 하나 놓일 때마다 전체 판이 변하는 것이 맥락의 세계. 학교는 인맥을 만들기에 수월한 환경이다. 출석만 잘해도 최소한의 인맥은 생겨난다. 학교가 출석을 강조하는 것은 어떤 면에서는 매우 교육적인 조치라고 할 수 있다. 살아가는 데 꼭 필요한 것을 갖출 수 있게 도와주는 셈이다. 학교 밖은 잘 하면 훨씬 풍부하고 질 높은 인맥을 형성할 수도 있지만, 그럴 수 있는 사람은 많지 않다.

세상이 네트워크로 이루어져 있음을 점점 더 실감하게 되는 세상이다. 네트워크의 본질은 사이, 곧 관계다. 사이에서 일어나는 상호작용과 커뮤니케이션이 세상을 만들어간다. 현대 물리학은 자연세계 역시 그런 원리로 작동한다고 말한다. 우리 모두는 관계가 만들어낸 존재인 셈이다. 탈학교 정신은 자유로운 교육을 추구하는 것이라기보다 관계 속의 존재로서 자신을 자각하는 것이기도 하다. 세상을 움직이는 관계의 법칙을 이해함으로써 자신을 이해할 수도 있게 된다. 이것이 세상을 배움터로 삼는다는 말의 진정한 의미이기도 할 것이다.

개성을 넘어 보편성에 주목하기

표준화의 작용과 부작용

우리말에서 '다름'과 '틀림'이 혼용되고 있는 데 대한 문제의식
이 보편화된 지도 꽤 되었지만 언어 습관은 쉬 바뀌지 않는다. 집
단무의식이 언어 속에 녹아 있기 때문일 것이다.

『달라서 좋아요』라는 그림책이 있다. 저마다의 장점으로 서로
의 부족한 점을 보완해줄 수 있으니 달라서 좋다는 메시지를 전한
다. 다문화 사회로 접어들면서 '다름'의 가치에 대한 인식이 더욱
필요해졌기 때문일 것이다. 성소수자들의 인권에 관심을 갖게 된
것도 다름의 가치에 눈을 뜨게 되었기 때문이다.

대안을 추구하는 사람들, 주류의 흐름에서 떨어져 나와 '남다

른' 길을 가는 사람들은 '다름'에 더 예민하다. '우리는 다 다르다'
는 것을 천명하고, 그 '다름'의 가치를 인정하고, 또 인정받고 싶어
한다. 다른 것을 틀린 것으로 간주하는 것이 다수의 폭력임을 고
발한다. '우리는 다 다르다'는 부산에 있는 대안학교인 '우다다학
교'의 본명이기도 하다. 획일화 교육을 부정하고, 이 아이들이 '다
다른' 아이들임을 인정하자는 것이다. 획일화, 표준화 교육의 폐
해에 찌든 한국사회에 필요한 메시지를 던진 셈이다.

같은 교과서를 가지고 같은 속도로 뭔가를 학습해야 하는 교육
방식을 고수하는 학교 시스템이 모든 아이들에게 맞을 리가 없다.
그 시스템에 맞지 않는 아이들을 나무라는 것은 사실 적반하장 격
이다. 다 다른 아이들 한 명 한 명에게 맞는 배움터를 구현하고자
하는 것이 대안교육이라고 할 수 있다. '대안代案'교육이라는 명칭
을 택한 것은 사실상 표준화 교육의 '대안對案'으로서, 표준화의 '대
안對岸'에 자신의 포지션을 잡았음을 천명한 것이다.

근대화는 곧 표준화이기도 하다. 표준화는 유동성을 높임으로
써 세상을 두루 통하게 만든다. 소통의 범위가 확대된다. 표준말
역시 언어라는 소통 수단을 공유하기 위한 사회적 장치다. 근대
시민사회가 형성되는 과정에서 부족집단 간의 차이를 좁히는 표
준화가 진행된 결과 이제는 국가 단위, 전 지구적 단위로 상호작
용이 일어나고 있다. 교통과 통신의 발달로 유동성이 급격히 높
아지는 중이다. 교육 분야도 마찬가지다. 전 세계 대학의 커리큘

럼은 비슷하다. 교수들은 세계 어디를 가도 자신의 전공 분야에서 제 역할을 할 수 있다. 학교교육 시스템이 세계적으로 균질화되고 있다.

사회구성원들이 공유하는 토대를 넓히는 표준화 교육은 그 과정에서 필연적으로 부작용이 발생하는데, 그 방식에 따라 부작용의 정도에 상당한 차이가 있다. 한국사회의 경우 급격하고도 폭력적인 방식으로 표준화가 이루어지면서 그 부작용이 두드러진 셈이다. 대안교육은 표준화 교육의 부작용을 비판하느라 그 필연성과 의미를 제대로 보지 못한 면이 있다.

표준화는 다름보다 '같음'에 주목한다. 아이들 한 명 한 명의 고유성보다 인간의 보편성에 주목한다. 인간의 발달단계에 따른 학습 단계의 기준을 만들어 같은 연령의 아이들을 같은 학년, 같은 반에 몰아넣고 같은 교과서를 안겨주고는 같은 속도로 배우라고 한다. 표준화 교육은 이처럼 자칫 획일화로 이어지지만, 그 부작용 못지않게 긍정적인 효과도 크다.

여러 마을에 흩어져 사는 다양한 아이들을 한곳에 모아 교육함으로써 동질감과 연대감을 갖게 만든 것은 근대학교로 구현된 보편교육의 가장 큰 교육적 효과라고 할 수 있다. 표준화 교육이 성적이라는 하나의 잣대로 아이들을 줄 세움으로써 과도한 경쟁을 낳고 협동과 연대의식을 해친 측면도 있지만, 근대학교는 다양한 친구들을 쉽게 사귈 수 있는 환경을 만듦으로써 사회화 기구의 역할을 충실히 한 셈이다.

사회적 관점에서 볼 때 교육의 일차적 목적은 구성원들의 연대의식을 기르는 것이다. 소속감과 동질감은 아이들이 사회의 일원으로 성장해가는 데 큰 동력이 된다. 사춘기에 접어들면서 부모보다 친구를 더 찾는 것은 사회화 과정이 제대로 이루어지고 있음을 말해준다. 학교는 그 과정을 매우 효율적으로 달성하는 사회적 장치라고 할 수 있다.

의무교육 제도는 학교가 그 기능을 하게끔 지원한다. 인적자원을 양성하는 국가주도 교육을 실현하기 위한 방편으로 만들어진 제도이자 다른 한편으로는 아동의 노동착취를 막고 학습권을 보장하기 위한 제도이기도 하지만, 모두가 사회구성원으로서 소외되지 않고 사회 속에서 성장할 수 있게 하는 보편교육의 본래 목적에 기여하는 측면이 있다. 제도를 입안한 이들이 설령 이를 의도하지는 않았을지라도 그 부작용보다 긍정적인 측면이 더 크다고 볼 수 있다.

모든 작용에는 반작용이 따르기 마련이다. 제도의 긍정적인 효과를 키우고 부정적인 효과를 줄이는 것이 좋은 사회를 만드는 비결이다. 부작용을 비판하기보다 적절히 대응하면서 다음 단계로 나아가야 한다.* 세상은 점점 상호작용이 활발해지는 쪽으로 나아

---

* 『오늘의 교육』 2018. 11~12월호에 실린 졸고 '제도화의 부작용을 넘어서' 참조.

간다. 도덕경에서 예찬하는 '닭 우는 소리가 들리는 이웃마을과도 왕래하지 않는' 전근대 사회로 되돌아갈 수는 없는 노릇이다.

'다 다른 우리'의 딜레마

하지만 표준은 자칫 프로크루스테스의 침대가 되기 십상이다. 표준어가 공용어로 자리 잡으면 방언은 잘려 나간다. 표준 성적에 미달하는 학생은 반 평균을 '깎아먹는' 쥐 신세가 되어 사람대접 받기도 힘들다. 표준 신장에 미달하는 아이는 콤플렉스에 시달린다. 표준 체중을 넘는 아이는 다이어트 스트레스에 시달린다. 표준은 은연중에 절대적인 기준이 되어 모든 사람들이 그 하나의 잣대로 세상을 재게 된다.

'우리' 사회에서 '우리'라는 말이 남용되는 것과 '다르다'와 '틀리다'가 혼용되는 것은 깊은 관련이 있을 것이다. 다른 것을 틀린 것으로 표현할 만큼 우리는 표준강박증에 사로잡혀 있다. 표준화의 압력이 그만큼 강하기 때문일까. 워낙에 동질성이 강화되기 쉬운 지정학적 조건 탓도 있을 것이다. '아파트 단지'라는 세계적으로 유례가 없는 주거의 표준화를 이룬 것도 그 반증의 하나일 수 있다. 대도시에 사는 한국인들은 십중팔구 아파트에 산다.

우리는 표준에 맞추어 살기 위해 노심초사하면서 또 한편으로는 표준에 넌더리를 내고 있기도 하다. 도시의 표준화된 아파트에

질린 이들은 전원주택을 찾기도 하고, 아파트의 편리함을 포기할
수 없는 이들 중에는 멀쩡한 내부를 리모델링하며 자신만의 인테
리어를 추구하기도 한다. 도시의 표준화된 삶에 지친 이들은 귀농
귀촌을 시도한다.

　다름의 가치를 인정하고 대안을 추구하는 사람들은 흔히 공동
체를 지향한다. 시골에서 생태공동체를 만들거나 도시에서 뜻 맞
는 이들끼리 마을을 만들기도 한다. 하지만 곧 딜레마에 봉착한
다. 미세하나마 서로 다른 잣대를 가진 사람들이 공동체를 이룬다
는 게 쉽지 않은 게다. 서로 다름을 인정하려고 애쓰는 비슷한 사
람들끼리 모이지만, 그 비슷함 속에서 우리는 또 서로 다름을 너
무 쉽게 찾아내고야 만다.

　'진보는 분열로 망한다'는 말이 나오는 까닭은 진보적인 이들일
수록 다름에 민감하기 때문이다. 보수는 이해관계가 같으면 쉽게
결속하지만 신념을 공유하는 이들끼리 모이는 진보는 서로가 공
유하는 그 최소한의 보편성에 기반하지 않으면 쉽게 분열된다. 보
편성은 서로 다름을 전제하기 때문이다. 공유하는 보편성보다 서
로 다른 점이 먼저 눈에 들어오면 갈등이 불거지기 마련이다. 보
편성의 잣대가 아닌 저마다의 잣대를 들이대기 시작하면 분열될
수밖에 없다.

　초록동색이라지만 초록 안에도 수많은 색깔의 편차가 존재한
다. 작은 차이에도 서로를 못 견뎌하는 것은 다름을 인정하려고

애쓰는 '우리'가 필연적으로 맞닥뜨리게 되는 딜레마다. '다 다르고 싶어 하는 우리'라는 딜레마. '다 다르다'는 것을 천명하고 다양성을 존중한다고 하면서 섣불리 '우리'라는 울타리 안에 함께 들어갔을 때, 2인3각으로 달릴 때처럼 서로의 미세한 호흡 차이만으로도 발이 걸려 넘어진다. 성급한 일반화의 오류다.

많은 공동체들이 판판이 깨어지는 까닭도 여기 있는 것이 아닐까? '우리의 딜레마'는 곧 '우리(울)'의 딜레마이기도 하다. 다 다른 이들이 모여 어느덧 '우리'라는 틀에 스스로를 가두고 만다. 알게 모르게 표준화에 길든 우리는 다른 것을 너무 쉽게 한데 묶는 실수를 범하곤 한다. 공동체성을 기른다면서 우리는 곧잘 서로의 다리를 묶어 2인3각 달리기를 하지만, 잠시 재미삼아 달리는 것은 몰라도 일상을 그렇게 보낼 수는 없는 노릇이다. 한 팀이 된다고 해서 축구를 2인3각으로 하진 않는다.

육아공동체든 교육공동체든 팀플레이를 잘하기 위한 것이지 서로의 자유를 구속하기 위한 것은 아니다. 보편성에 기반한다는 것은 서로 통하는 지점을 아는 것이다. 패스를 잘 주고받는 것이다. 서로의 장단점과 다름을 인정하면서 서로가 공유하는 지점을 보고 같은 방향을 향할 때 팀플레이가 살아난다. 다른 것을 같은 것으로 간주하는 일반화의 오류를 범하면 다른 것이 더 도드라져 보일 뿐이다. '일반화의 오류'는 있어도 '보편화의 오류'라는 말이 없는 까닭은 보편성은 근본적으로 서로 다름을 인정하는 토대 위에 성립하는 개념이기 때문이다.

함께 공유하는 보편성에 기반하지 않는 '우리'는 우리를 가두는 '울타리'가 되고 만다. 다른 것을 함부로 묶으면 끈이 끊어진다. 그렇다면 같은 것끼리 묶으면 될까? 그런데 과연 '같은 것'이 있을까? 타자는 나와 다른 호흡으로 걷는 사람, 다른 잣대로 세상을 재는 사람이다. 그런 타자의 '타자성'을 인정하면서 그와 함께 '우리'가 되는 일은 서로가 공유하는 보편성을 기반으로 할 때만 가능하다. 다리 길이도 호흡도 다른 너와 내가 같은 길을 걷는 것이 보편성이지 서로의 다리를 묶는 것이 보편성은 아니다.

보편성에 주목하기

다른 점들 사이에서 같은 점을 볼 수 있어야 한다. 우리는 다 같이 인간이라는 종에 속하지만 저마다 다른 사람이듯이, 보편성과 고유성은 우리를 구성하는 속성들이다. 개성과 고유성만 강조하게 되면 자신의 일부분만 인정하는 셈이다. 우리 안의 보편성이야말로 인간성을 이루는 요소이고, 우리를 구성하는 부분이다. 보편성에 기반할 때 우리는 비로소 '우리'가 된다. 그 보편성의 기반 위에 서로 다른 점을 인정할 때 비로소 팀플레이가 가능해진다.

표준화 역시 보편성에 기반한다. '윈도우' 같은 컴퓨터 운영체제의 표준을 만들 때는 컴퓨터를 쓰는 인간의 보편적인 습관을 면밀히 연구해서 최적의 시스템을 설계한다. 자판을 설계할 때도 마찬가지다. 인간이 공유하고 있는 토대, 곧 열 손가락을 갖고 있고, 어떤 손가락을 더 자유롭게 쓰고, 어떤 자음과 모음을 더 많이 쓰는지를 면밀히 연구하여 가장 효율적인 자판 배열을 만들어내면, 그것이 표준이 된다.

표준을 만들면 세상을 지배할 수 있다. 진시황이 중국 천하를 통일할 때 먼저 도량형을 통일한 것은 표준화의 가치를 일찍이 알았기 때문이다. 다양성의 가치에 눈을 뜨는 것도 필요하지만 표준의 가치를 도외시하는 것은 어리석다. 보편성에 기반한 표준화는 자칫 섣부른 일반화나 획일화로 이어지지만, 그 부작용을 경계하면서 보편성을 놓치지 않아야 한다.

보편성을 발견하는 것은 다름을 전제로 할 때 가능하다. 그리고 그 다른 것들이 서로 어떻게 연결되어 있는지, 공유하고 있는 토대가 무엇인지를 아는 것이다. 서로 다른 것처럼 보이는 것들이 사실은 다르지 않음을 아는 것이야말로 진정한 '앎'이다. 모든 것이 하나임을 아는 것을 우리는 흔히 깨달음이라 일컫는다. 만물이 하나라는 말은 모두가 같다는 것이 아니라 서로 연결되어 있다는 말이다.

아이들의 고유성에 기반한 교육을 지향해야 하지만 보편교육의 가치를 놓쳐서도 안 된다. 고유성과 보편성이 존재를 구성하는 양면이기 때문이다. 우리 모두는 자유를 추구하지만, 서로에게 구속되지 않으면 인간사회는 성립되지 않는다. '다 다른 우리'처럼 두 마리 토끼를 좇아야 하는 것이 인간의 숙명이다. 다름을 인정하고 공존을 꾀하는 것이 평화로 나아가는 길이긴 하지만, 진정한 평화는 다름을 인정하는 것을 넘어서 다른 것들 사이에서 같음을 발견할 때 찾아온다.

인간은 다 다르기도 하지만 또한 같은 존재이기도 하다. 적어도 인간이라는 종의 차원에서는 다른 점보다 같은 점이 훨씬 많은 것이 사실이다. 유전자 차원에서는 백인과 흑인의 인종적 차이보다 백인들 사이의 차이가 더 크다는 것이 게놈 연구의 결과다. 한편 인간과 쥐의 유전자 차이는 생각보다 크지 않다. 심지어 초파리와 인간 사이도 유전자의 차이가 그렇게 크지 않다는 것이 밝혀졌다. 포유류의 차원, 생물 차원에서는 다른 점보다 공통된 점이 더 많은 것이다.

생물종이든 인종이든 성이든 언뜻 보아 서로 다른 것처럼 보이는 것들 사이에도 알고 보면 같은 점이 더 많다는 것을 깨닫게 되면 세상이 달리 보인다. 인간이 그다지 특별한 존재가 아니라는 것, 너와 내가 그리 다르지 않다는 것을 아는 것은 우리를 겸손하게 만든다. 유색인을 차별하듯이 잣대를 함부로 들이대지 않는 것이 공생의 기본이다. 잣대를 공유하지 않는 타자와 어떻게 소통할 것인가 하는 문제는 사실상 겸손의 문제이기도 하다.

잣대는 미세한 눈금으로 차이를 인식하게 만든다. 식용버섯과

독버섯을 구분하는 것처럼 미세한 차이를 분간할 줄 아는 것이 생존에 필요한 능력이긴 하지만, 생존을 넘어선 연대와 공동체성을 추구한다면 다름보다 같음에 더 주목할 일이다. 차이에 민감한 사람일수록 보편성을 보는 훈련을 할 필요가 있다. 2인3각으로 달리는 훈련을 하기보다 같은 방향을 보고 함께 걷는 연습을 해야 한다. 같은 별을 바라보며 같은 길을 걷고 있음을 아는 것, 그리고 거리가 벌어졌을 때 앞선 이가 기다려주는 정도의 배려만으로도 공동체는 가능하다.

우리는 자신의 개성을 자각함으로써 한 사람이 되고, 보편성을 깨달음으로써 인간이 된다. 인간人間은 사람과 사람의 사이에 난 길을 아는 존재다. 연결되어 있음을 아는 것이다. 코로나 팬데믹으로 인해 우리 모두가 연결되어 있는 존재라는 사실을 시시각각 깨닫고 있다. 모두에게 닥친 재난 앞에서 인류는 하나의 공동체가 되어 대처하는 중이다. 협력이 생존가능성을 높여준다는 것을 우리는 오랜 경험 속에서 알고 있다. 저마다 다른 사람들끼리 소통하고 협력할 줄 아는 능력을 기르는 것이 교육의 역할이다.

천리 길도 한 걸음 '속에'

전체와 부분

스물세 살 때 산길을 걷다가 천리 길이 한 걸음'부터'가 아니라 한 걸음 '속에' 있음을 눈치챘다. 온전한 한 걸음 속에 이미 천리 길이 구현되어 있고, 동시에 천리 길은 아직 저 멀리 있음을. '이미'와 '아직'의 긴장 속에 길이 이어지고 삶이 계속됨을. 하지만 한 걸음 한 걸음이 어떻게 연결되는지, 천리 길이 어떻게 하나의 맥락 속에서 이어지는지는 보지 못했다. 천리 길은 단순히 한 걸음 한 걸음이 모여 되는 것이 아니라는 사실을. 걸음과 걸음을 이어 주는 뭔가가 있음을.

'한 걸음'이란 사실상 존재하지 않는다는 것을 안 것은 그로부터 수십 년이 흐른 뒤다. 어디서 시작되고 어디서 끝나는지 알 수 없는 걸음들이 이어질 뿐임을. 알고 보니 천리 길은 한 걸음 한 걸음이 모인 것이 아니라 거대한 하나의 걸음이었다. 모든 동작은 하나의 흐름 속에 긴밀하게 엮여 에너지를 주고받는다. 걸을 때면 팔다리가 진자운동을 하면서 끊임없이 위치에너지가 운동에너지로 바뀌고 눈에 보이지 않는 에너지 변환이 일어난다. 중력에너지가 작동하는 것이다.

사건의 관점에서 전체는 부분들의 총합이 아니다. 전체 속에는 부분에 없는 무언가가 숨어 있다. 순서 또는 맥락, 곧 부분들의 관계다. 때문에 원자론에 근거한 기계론적인 접근은 본질을 놓친다. 한 걸음이 전해주는 에너지를 다음 걸음이 이어받는다. 걸음과 걸음 사이에는 관성의 법칙, 중력 가속도의 법칙, 작용 반작용의 법칙 같은 역학이 작용하고 있다. 동작과 동작 사이에서 작동하는 눈에 보이지 않는 그 힘이 천리 길을 완성한다. 그 맥락을 놓치면 전체를 놓친다. 사물이 아닌 사건의 관점으로 바라볼 때 보이지 않는 '사이'를 볼 수 있게 된다.

걸음은 한 걸음, 두 걸음 셀 수 있는 사물이 아니라 서로 긴밀하게 엮여서 진행되는 하나의 사건이다. 조 한 알 속에도 온 우주가 들어 있지만, 그때의 조 한 알은 물질로서의 조 한 알이 아니라 사건으로서의 조 한 알이다. 사건은 긴밀하게 맞물려 있어, 어느 한 부분을 잘라내어도 그 속에 전체의 정보가 다 들어 있기 마련이다. 천리 길이 한 걸음 속에 있으려면 그 한 걸음이 사건으로서의 '걸음' 그 자체를 대표할 수 있어야 한다. 대표성이 작동해야 하는 것이다.

'천리 길도 한 걸음부터'식 사고에는 부분의 합이 전체라는 전제가 깔려 있다. 30만 걸음이 모여 천리 길이 된다는 식이다. 귀납식 사고다. '천리 길도 한 걸음부터'라는 말은 천리 길을 나설 엄두조차 못 내는 사람에게 용기를 불어넣어주는 말로는 괜찮지만, 본질을 놓치게 만든다. '시작이 반'이라는 말도 마찬가지다. 사실은 시작이 전부다. 제대로 시작하면 마지막까지 그 에너지가 이어지기 마련이다. 흔히 작심삼일이 되는 까닭은 에너지가 없거나 에너지가 전달되는 통로가 막혀 있기 때문이다.

연역과 귀납

자연과학과 사회과학에 두루 깊은 통찰력을 보여준 칼 포퍼는 과학적 사유의 방법으로 귀납적 방법이 안이하다고 보고, 먼저 가설을 세우고 거기서 연역해야 한다고 주장했다. 자연 또한 연역식으로 전개된다. 씨앗 속에 이미 모든 것이 들어 있다. 성장한다는 것은 이미 갖추어진 전체성이 온전히 피어나는 것이다. 스케치된 밑그림을 점점 완성시키듯이 밀도를 높여간다. 뭔가를 제대로 배우는 방법 또한 연역식이다.

아기가 언어를 습득할 때 학교에서 영어를 배우듯이 단어와 숙어를 익히고 문법을 익혀서 조금씩 완성도를 높여가는 것이 아니라 처음부터 미숙하지만 온전한 언어의 규칙(형식)을 터득하고 그 원리에 따라 점점 복잡한 표현을 구사할 수 있게 된다. '맘마' 한 마디 속에 문법이 다 들어 있다. 마치 씨앗처럼 그 속에 응축되어 있던 문장 요소들이 풀려 나오면서 온전한 문장이 되는 것이다.

몇 개의 단어만으로도 웬만한 의사소통이 가능할 정도로 그 언어의 원리를 온전히 이해하고 구사할 수 있게 된 다음 어휘력이 느는 만큼 세밀한 표현이 가능해진다. 거칠게나마 전체(형식)를 완성하고 세부(내용)를 채워가는 것이다. 조각그림 맞추기처럼 부분을 끌어 모아서 전체 그림을 그려보려는 귀납식으로는 결코 따라갈 수 없다. 단어 몇십 개만으로도 자신의 의사표현을 할 줄 아는 아이와 몇 천 단어를 알아도 말 한 마디 못하는 어른의 차이는 거기 있다.

칼 포퍼가 주장한 피스밀piecemeal 사회공학도 연역법을 따른다. 개인이나 작은 집단에서 먼저 변화를 선취한 다음 이를 조금씩 확산해감으로써 진정한 사회변화를 이룰 수 있다는 말이다. 피스밀은 언뜻 부분에서 출발해 전체로 나아가는 것처럼 보이지만 사실은 반대다. 우리가 원하는 사회를 내가 몸담고 있는 바로 이곳에서 먼저 선취해야 한다는 말은 작은 규모의 온전함을 먼저 구현한 다음 그것을 확산해가야 한다는 말이다.

불완전한 걸음들이 모여 천리 길이 되는 것이 아니라 온전한 한 걸음이 복제되어 천리 길이 된다. 불완전한 것들은 아무리 많이 모인다 해도 완전성에 이르지 못한다. 그렇게 한 걸음 한 걸음 나아가다 보면 어떤 임계점에서 전체가 변화하는 지점을 맞게 된다. 물이 100도에서 수증기로 바뀔 때까지 물밑에서 진행되는 변화는 아는 사람 눈에만 보인다. 한 걸음 속에 천리 길이 이미 들어 있음을 아는 사람은 기다릴 줄 안다.

힘 빼기 또는 몸힘 쓰기

우리는 흔히 다리힘으로 걷는다고 생각하지만 사실상 지구가 우리를 걷게 한다. 걷는 일은 몸의 무게중심을 옮기는 일이다. 몸을 앞으로 살짝 기울이면 중력에 의해 몸통의 낙하운동이 시작되고, 동시에 한쪽 다리가 저절로 앞으로 나간다. 팔다리의 진자운동과 몸통의 낙하운동은 서로를 추동하면서 최소한의 에너지로 걸음을 옮길 수 있게 한다. 몸통뿐만 아니라 팔다리의 진자운동도 중력가속도의 영향을 받는다. 가장 에너지가 적게 드는 움직임은 중력가속도에 동조된 움직임이다. 그보다 빠르거나 늦으면 에너지가 더 든다.

걷기에는 중력가속도 법칙 외에 작용반작용의 법칙, 관성의 법칙도 작용한다. 우리가 발을 내딛으면(지구에 작용을 가하면) 지구의 중심으로부터 반작용의 힘이 올라온다. 중력에 맞서는 부력이 생겨나는 것이다. 한편 뒷발이 지구를 밀어내면 또 그 반작용의 힘이 몸을 앞으로 나아가게 한다. 그리고 팔다리가 서로 엇갈리게 흔들리면서 몸통을 비틀어 코어근육을 활성화시키고 운동성을 높인다. 팔다리의 진자운동에도 중력가속도와 관성의 법칙이 작용한다. 어깨 근육이나 허벅지 근육으로 팔다리를 움직이는 것이 아니다.

일류 투수는 손가락힘, 팔힘으로 던지는 것이 아니라 '몸힘'으로 던진다. 몸힘을 쓴다는 것은 지구의 힘, 우주의 힘을 쓴다는 말이기도 하다. 우주의 힘이란 무슨 신비로운 기운이 아니라, 뉴턴역학에 의해 포착되는 물리력을 말한다.* 몸이 이들 에너지의 통로가 된다는 말이다. 반작용의 힘, 중력가속도와 관성의 힘이 가로막히지 않고 온 몸에 실릴 때 최고의 피칭이 가능하다. 한 번의 피칭 속에 복잡한 뉴턴역학이 작용하고 있다. 그 힘이 방해받지 않고 우리 몸을 움직일 수 있도록 힘을 빼는 것이 관건이다.

선동열 투수는 힘을 빼고 공을 던질 수 있게 되기까지 십 년이 걸렸다고 한다. 문제는 이렇게 힘을 빼는 일이 쉽지 않다는 데 있다. 몸힘을 쓸 수 있으려면 몸의 모든 부위가 긴밀하게 연결되어

---

* 맨몸으로 기관차를 끄는 차력술도 작용 반작용의 법칙, 관성의 법칙 같은 뉴턴역학을 적절히 활용하는 기술이다. 그네를 미는 요령과 기관차를 끄는 요령이 같다.

있어야 한다. 공을 쥔 손가락 관절의 움직임은 손목-팔꿈치-어깨-허리-골반-무릎-발목-발가락 관절의 움직임과 엮여 있다. 그리고 관절은 근육과 연동된다. 근육이 만들어지지 않고 관절의 유연성이 확보되지 않은 상태에서는 힘을 뺄 수도 없는 것이다. 무엇보다 우리 몸의 중심을 잡아주는 코어 근육이 제대로 만들어지지 않으면 몸힘을 쓰기 힘들다.

발가락 끝에서 손가락 끝까지 에너지가 온전히 전달되려면 몸이 경직되지 않아야 한다. 어떤 분야든 최고의 경지에 이르려면 릴랙스가 필요하다. 힘을 뺀다는 것은 속이 텅 빈 피리처럼 에너지가 흐르는 통로가 되는 것이다. 그럴 때 제대로 된 소리가 나오는 법이다. 내 힘이 아닌 지구의 힘으로 걷는 것, 내 힘으로 던지는 것이 아니라 우주의 힘이 내 몸을 통과하여 공을 밀어내는 것, 이는 곧 에너지의 흐름에 올라타는 것이기도 하다. 힘 빼고 공을 던질 줄 안다고 해서 힘 빼고 사는 법을 깨우친다는 보장은 없지만, 원리가 통한다는 것을 알면 삶의 비밀에 좀 더 쉽게 다가갈 수 있을 것이다.

사건에 올라타기

공이 투수의 손가락을 떠나는 찰나 속에 와인드업부터 마지막 동작까지의 과거와 미래가 다 녹아 있다. 손가락으로 공을 뿌리는 그 순간의 몸놀림 속에 앞의 동작과 다음 동작이 맞물려 있다. 걸을 때 두 번째 발걸음이 첫 발걸음의 움직임에 따라 결정되고 동시에 이어질 발걸음과 떼려야 뗄 수 없이 연결된 것과 같다. 에너지가 연결되어 있다. 이것이 사건의 세계다.

사건의 단위는 다양하다. 한 번의 피칭이 될 수도 있고, 1회의 경기일 수도 있다. 1회 경기를 하나의 사건으로 보자면, 한 타자의 안타가 성공인지 실패인지는 그 순간에 확정되지 않는다. 다음 타자들이 계속 안타를 쳐야만 홈으로 들어올 수 있다. 미래가 과거를 결정하는 셈이다. 사건의 세계에서는 전체의 맥락 속에서 부분의 의미가 결정된다.

사건 안에서는 모든 순간 속에 모든 시간이 들어 있다. 과거도 미래도 지금 여기에 펼쳐져 있다. 과거와 미래가 지금 이 순간에 펼쳐져 있다(또는 접혀져 있다)는 말은 달리 말하면 과거와 미래가 현재를 결정한다는 말이다. 결정론은 어제가 오늘을 결정하고, 오늘에 의해 내일이 결정된다고 보지만, 사건의 세계에서는 내일이 오늘을 결정하고 어제의 의미가 오늘 정해진다. 과거와 현재, 미래는 긴밀하게 맞물려 끊임없이 서로 영향을 주고받는다.

기승전결로 진행되는 사건의 세계에서는 기의 단계가 나머지 단계를 결정한다. 시작이 반이 아니라 전부인 것이 사건의 세계다. 첫단추를 잘 꿰어야 하는 이치와 같다. 하지만 일류 투수는 한 번의 피칭 동작을 세분해서 자신의 동작을 컨트롤할 수 있다. 와

인드업부터 마무리 동작까지 하수는 한 번만 기의 위치에 서는 반면 고수는 여러 번 기의 위치에서 자신의 동작을 컨트롤한다. 검술의 고수는 칼을 휘두르는 한 동작을 세분할 수 있다고 한다. '눈깜작할새'를 십등분 할 수 있는 사람에게는 시간이 천천히 흐르기 마련이다.

언뜻 하나의 동작처럼 보이는 움직임을 여러 단계로 쪼갤 수 있으면 세밀한 표현이 가능해진다. 뛰어난 바이올린 연주자는 활을 한 번 움직여 다양한 색깔의 소리와 느낌을 표현할 수 있다. 하나의 음을 세분하여 다양한 느낌을 담을 수 있듯이, 뛰어난 춤꾼은 한 번의 손놀림으로 많은 것을 표현한다. 움직임 하나하나가 세밀하고 우아하다. 그럴 때 시간은 천천히 흐른다. 춤꾼에게도 보는 이에게도. 예술적 경험은 시간을 다르게 경험하게 한다. 그때 모든 동작은 전체 춤을 대표하며, 모든 순간은 전체 시간을 대표한다. 부분과 부분이 긴밀하게 맞물려 있을 때, 에너지 흐름의 통로가 될 때 모든 부분은 전체를 대표할 수 있다.

인간 사회에서 어떤 개인이 대표성을 갖는다는 말은 그가 사건속의 존재라는 말이다. 대표성을 갖는다는 것은 달리 말해 주체성을 갖는다는 말이기도 하다. 시민성은 곧 그가 속한 공동체와 긴밀하게 연결되어 있는 개인의 대표성을 뜻한다. 공동체의 사건 속에 올라타 있을 때 우리는 주체성을 갖고 공동체를 대표하여 행동할 수 있게 된다. 지난 촛불혁명 때 우리 모두가 경험한 일이다.

사람들은 누구나 세상에서 자기 자리를 찾고 싶어 한다. 긴밀하게 연결되기를 바란다. 달리 말해 사건의 당사자가 되고 싶어 한다. 자기 자리를 찾는다는 것은 사건이라는 열차에 올라타는 것이다. 요즘 아이들 사이에서 유행하는 자해 또한 사건에 올라타고 싶은 욕구의 발로라고 봐야 한다. 손목을 긋고는 인증샷을 주고받는 것이 인정욕구에 목마른 십대들의 이상행동으로 비치고 있지만, 인정보다 연결에 대한 욕구의 새로운 변주로 보는 것이 타당할 것이다. '잉여'로 존재하고 싶지 않은 몸부림이다.

자신이 속한 공동체나 다른 누군가와 긴밀하게 연결되어 있다고 느끼는 아이들은 자해나 '관종' 증상을 보이지 않는다. 자해가 유행하기 전 청소년들 사이에서 '잉여'가 유행어가 되다시피 한 것을 주목해야 한다. 자신을 잉여로 느끼는 자의식이 무의식을 자극함으로써 공동체나 주변 사람과의 연결 지점을 확인하고 싶은 욕구를 불러일으키고, 그 욕구가 자해나 관종으로 나타난다고 봐야 한다(관종 증상을 보이는 정치인들도 공동체와의 연결고리가 약하거나 타자로 여기고 있음을 은연중에 드러내는 것이다).

연결되기를 바라는 인간의 원초적 본능에 주목할 일이다. 긴밀하게 연결되고 싶어 하는 그 에너지가 제 방향으로 향하게 도와주는 것이 교사의 역할, 어른의 역할이다.

성장은 '위하여'가 아니라
'의하여' 일어난다

직립, 인간다움의 증거

바로 서는 일은 쉽지 않다. 다들 아무렇지 않게 하는 일이지만 우리 모두는 갓난아기 시절 일 년 가까이 버둥거리고 네 발로 기어다니며, 힘겹게 일어섰다 주저앉기를 수없이 반복한 뒤에야 비로소 일어설 수 있었다. 허리 근육이 튼튼해지기 전에 보행기의 도움을 받아 일찍 일어서 걷기 시작한 아이들은 어른이 되어서도 허리를 다치기 쉽다.

직립 자세는 인간의 인간다움을 증거하는 자세다. 정신적으로 유아기에 있는 아이들은 몸을 똑바로 가누지 못한다. 떼를 쓰는 아이들은 흔히 드러누워 발버둥을 친다. 어른도 심리적으로 좌절

했을 때는 드러눕거나 아기처럼 웅크린 자세를 취한다. 신체적으로 직립하는 것은 심리적으로 직립하는 것과 통한다.

바로 선 자세는 지구 중력에 맞춰 몸이 정렬된 상태다. 척추를 중심으로 팔다리가 정렬된 상태는 자동차의 네 바퀴가 정배열된 상태와 비슷하다. 휠 얼라인먼트가 조금만 틀어져도 차체가 미세하게 흔들려 승차감이 좋지 않고 연비도 떨어진다. 골격과 자세가 중요한 까닭이다. 골격이 틀어지거나 자세가 나쁘면 걷는 데 더 많은 에너지가 소모되어 쉽게 지친다.

제대로 걸으면 힘이 거의 들지 않는다. 직립해서 무게중심만 앞으로 살짝 기울이면 중력의 도움으로 발이 저절로 앞으로 나가게 된다. 인간은 직립함으로써 걸어서 지구를 한 바퀴 돌 수도 있을 만큼 장거리 이동에 유리한 조건을 갖춘 셈이다. 인체는 오래 걷고 달리기에 적합한 골격을 갖춤으로써 평원에서도 살 수 있게 되었다. 나무에서 내려와 평원에서 생존하려면 잘 달릴 수 있어야 한다. 침팬지처럼 목이 굵고 엉거주춤한 신체 구조로는 잘 달릴 수 없어 평원에서 살아남을 수 없다.

인류는 엉거주춤한 자세를 거치지 않고 처음부터 똑바로 직립했다는 학설이 설득력을 얻고 있다. 유인원이 엉거주춤한 자세로 점차 직립해간 것이 아니라 8백만 년 전부터 곧바로 직립했다는 사실이 화석으로 확인되었다. 엉거주춤한 자세에서 여러 단계를 거쳐 직립 자세에 이르렀다는 진화 이론은 잘못된 학설이라고 봐야 한다. 만약 위의 그림처럼 진화한다면 인간은 제대로 뛰지 못해 진즉에 멸종되었을 것이다.

직립은 골반의 각도와 천장관절이 결정하는데, 골반 각도가 바뀌면 나머지 골격도 모두 연동되어 있기 때문에 같이 바뀌기 마련이다. 인체는 유기체다. 유기체의 메커니즘은 하나가 바뀌면 그와 연동된 모든 것들이 바뀌도록 설계되어 있다. 때문에 진화는 사선형으로 점진적으로 일어나는 것이 아니라 계단식으로 비약적으로 일어난다고 봐야 한다.

인간의 성장 과정도 마찬가지다. 갓난아기는 목도 가누지 못하는 연체동물 수준에서 파충류에 가까운 배밀이 단계로, 거기서 네발로 걷는 포유류로, 다시 두 다리로 걷는 인간으로 껑충껑충 뛰어오른다. 배움의 과정도 이와 비슷하다. 난관에 부딪히면 한동안 제자리걸음을 하다가 그 고비를 넘기면 비약적으로 성장한다. 고비를 넘길 수 있게 도와주는 것이 교육의 역할이다

짝다리 짚기, '위하여'가 아닌 '의하여' 자세

모든 아이들은 걷는 법을 스스로 터득한다. 속근육이 자라면 앉을 수 있게 되고, 허릿심이 생겨나 두 발로 설 수 있게 되면 걷기는 자연스럽게 이루어진다. 머리가 크고 무거운 덕분이기도 하다. 무게중심이 쉽게 이동하기 때문이다. 중심을 잡으려면 다리를 움직이지 않을 수 없다. 처음에는 뒤뚱거리며 걷지만 다릿심이 붙으면서 곧 제대로 걷게 된다. 중력의 힘 그리고 허리와 다리 힘에 '의하여' 걷게 되는 것이다.

걸음마를 배우는 과정에서 수없이 주저앉기도 하고 넘어지지만 걷기를 포기하는 아이는 없다. 아기가 일어나 걷는 법을 익힐 때 누구도 올바른 직립 자세나 걷는 법을 일러주지 않는다. 다행스런 일이다. 만약 그 과정에서 부모가 일일이 일어서는 법과 걷는 법을 교정하며 교육하려 든다면 아이들은 아마도 서너 살이 되도록 걷는 법을 배우지 못할 것이다. 누가 가르쳐주지 않아도 아이는 허릿심과 다릿심이 길러지면 그 힘에 '의해' 저절로 다음 단계로 나아가게 된다.

인간의 직립 자세 중에 '차렷'과 '열중쉬어' 자세가 있다. 학교에서 또 군대에서 날마다 훈련하는 자세다. 군기를 잡고 명령에 복종하도록 만들기 '위해' 고안된 자세일 것이다. '열중쉬어' 자세는 조금 풀어진 자세이긴 하지만 역시 썩 좋은 자세는 아니다. 다리를 벌려 균형을 잡기에는 차렷 자세보다 수월하지만, 양발에 체중을 고르게 싣는 일은 생각보다 피곤한 일이다.

열중쉬어 자세로 서 있다 보면 우리 몸은 저절로 한쪽 다리에 체중을 싣게 되는데, 이른바 '짝다리 짚기' 자세다. 운동장 조례 때면 군인정신에 충만한 학주들이 돌아다니며 짝다리 짚고 있는 학생들 다리를 지휘봉으로 툭툭 치곤 하지만, 짝다리는 우리 몸이 본능적으로 선호하는 자세다. 짝다리를 짚으면 양다리로 설 때보다 몸의 균형을 잡는 데 힘이 덜 든다. 짝다리는 언제든지 바로 몸을 움직일 수 있는 준비된 자세이기도 하다.

새들이 한쪽 다리로 오랫동안 꼼짝 않고 서 있곤 하는 것도 그 편이 에너지 소모가 적기 때문이다. 인간은 몸이 세로로 길쭉해서 그렇게 무게중심을 잡기가 쉽지 않다. 대신 한쪽 다리에 체중을 싣고 다른 쪽 다리로 살짝 받치는 자세가 직립한 사람이 균형을 잡고 서 있기에 가장 쉬운 자세다(물론 장시간 짝다리를 짚을 때는 양쪽 다리를 번갈아가며 짚는 것이 좋다. 골반이 틀어지는 것을 막아주기 때문이다. 조례시간의 경험으로 우리 몸이 스스로 알아서 그렇게 한다는 걸 다들 알고 있을 것이다).

열중쉬어나 차렷 자세는 어떤 목적을 위해 만들어낸 자세인 반면 짝다리는 우리 몸이 지구와 상호작용하는 과정에서 자연스럽게 취하게 되는 자세다. '위하여' 자세가 아니라 '의하여' 자세인 셈이다. '위하여'는 억지를 부리는 것이고, '의하여'는 에너지의 이치를 따르는 것이다. 그것이 무엇이든 '위하여' 사는 삶은 가짜이기 십상이다. 차렷 자세로 사는 만큼이나 힘들고 피곤한 삶이다.

반복, 인간을 성장시키는 힘

진화 또는 성장은 어떤 목적을 '위해' 일어나는 것이 아니라 어떤 에너지에 '의해' 일어난다. 이러한 성장의 원리를 거스르면 배움이 제대로 일어날 수 없다. '하면서 배운다'는 경험주의 교육은 이 원리를 따른다. 무엇을 위하여 배우는 것이 아니라 어떤 계기로 알 수 없는 내적 에너지에 의해 나아가다 보면 배움이 일어나는 것이다.

이때 배움은 경험이 쌓여 귀납식으로 일어나는 것처럼 보이지만, 사실은 연역식으로 일어난다. 숱한 경험 속에서 그 경험을 관통하는 원리를 터득하게 될 때 '아하!' 하는 깨달음이 찾아온다. 아기가 말을 배우는 과정도 그렇다. 자신을 향해 말을 거는 엄마의 말 속에서 먼저 언어의 규칙(형식)을 터득하고, 언어가 가리키는 의미(내용)를 눈치채면 그 원리에 따라 말을 하게 된다. 도토리 속에 참나무가 들어 있듯이 '맘마' 한 마디 속에 문법이 다 들어 있다. 어휘가 늘면서 점점 복잡한 표현을 구사할 수 있게 된다. 형식에 눈을 뜬 다음에 내용의 밀도를 높여가는 것이다.

배움은 꼭 새로운 경험이나 자극을 필요로 하지 않는다. 진짜 배움은 끝없는 반복 속에서 일어난다. 아이는 일어섰다 주저앉고, 한두 걸음 떼다 주저앉기를 반복하면서 팔다리와 머리를 어떻게 움직여야 균형을 잡을 수 있는지 본능적으로 터득한다. 신체의 구조, 움직임의 맥락을 몸으로 알게 되는 것이다.

모든 기술은 반복을 통해 길러진다. 도공은 그릇을 빚기 전에 흙속의 공기를 빼고 조직을 치밀하게 만들기 위해 흙을 치대는 작업을 하고 또 한다. 그 과정에서 흙의 성질을 몸으로 알게 되고 흙 다루는 기술을 익힌다. 그릇 빚는 작업도 마찬가지다. 보통 사람은 자각하기 힘들 정도로 미세한 손끝의 압력 차이로 그릇의 형태가 달라지는 것을 끝없는 반복 작업 과정에서 터득한다. 흙을 주무르고 또 주무르다 보면 흙과 물, 공기의 관계를 알게 되고, 손바닥의 온도에 따라 흙 상태가 어떻게 변하는지 느낄 수 있다. 흙에 대해 안다는 것은 흙과 주변 환경과의 상호작용, 곧 맥락을 아는 것이다.

수많은 경험 속에서 어떤 원리를 깨친 사람은 직관적인 앎의 경지에 이르기도 한다. 흙을 한번 만져보기만 해도 그 맥락이 읽힌다. 이런 직관의 배경에는 오랜 시간의 숙달과 훈련이 숨어 있다. 서로 다른 악기를 가지고 여럿이 즉흥연주를 할 수 있으려면 눈을 감고도 연주할 수 있는 테크닉과 소리의 조화에 대한 직관적인 앎이 전제되어야 한다. 피나는 연습 없이는 가능하지 않은 경지다.

무언가를 제대로 배우기 위해서는 지루한 시간을 견디며 하고 또 하는 과정에서 미세한 변화를 감지하는 훈련이 필요하다. 어떤 분야든 배움의 과정에서 여러 차례 고비를 만나기 마련이고, 그 난관을 넘어설 때 한 단계 성장하게 된다. 한번 난관을 넘어본 아이는 다른 일에서도 고비를 넘을 수 있다. 경험교육이 주는 가장 중요한 배움이다.

수학이나 물리학 같은 추상의 세계에서는 경험을 통하지 않고도 원리를 깨우칠 수 있지만, 그 세계 역시 비밀의 열쇠는 반복 속에 있다. 깊이 파고들어가다 보면 반복되는 현상 속에서 일정한 패턴과 법칙을 발견하게 된다. 뭔가를 제대로 배우려면 깊이 파고들어야 한다.

안타깝게도 깊이가 점점 사라지고 있는 듯하다. '지적 대화를 위한 넓고 얇은 지식' 시리즈가 베스트셀러가 되는 세상이다. 세상을 두루 돌아다니며 다양한 경험을 추구하는 경향은 '넓고 얇은' 지식을 추구하는 사회 분위기와도 통한다. 하지만 여기저기 기웃거리며 이것저것 건드려보기만 해서는 무엇도 제대로 배울 수 없다. 경험이 곧 배움이 되는 것은 아니다. 경험중심 교육이 주의해야 할 지점이다.

흔히 아이들의 흥미를 끌기 위해 다채로운 메뉴판을 주면서 마음대로 골라보라고 하는 것은 교육의 장에서는 그다지 바람직하지 않다. 아이들은 이것저것 조금 해보다 흥미가 떨어지면 쉽게 그만두곤 한다. 아동중심, 흥미중심 교육이 자칫 빠지기 쉬운 함정이다. 그 결과 아이들은 넓고 얕은 맛보기 체험만 하고서 해봤다는 기억만으로 그 일을 제대로 경험할 기회를 평생 갖지 못할 수도 있다. 마치 요약본으로 겉핥기 독서를 하고서 읽었다고 생각해, 중요한 책을 제대로 읽어볼 기회를 영영 갖지 못하는 것처럼.

깊이는 일상에서 생겨난다. 어제와 별반 다르지 않은 오늘 속에서 오히려 민감한 감수성이 깨어난다. 정원을 날마다 돌보다 보면 어제는 보이지 않던 새싹이 돋고 꽃망울이 부풀어오르는 것을 알게 된다. 어린 시절에는 일상이 주는 안정감도 중요하다. 같은 공간에서 같은 사람들과 규칙적인 일상을 보내다 보면 관계가 깊어진다. 공간과의 관계도 사람과의 관계도. 상호작용의 깊이가 더해지는 것이다.

성장은 사건이다

걷기와 말하기라는 인간의 가장 기본적인 능력을 거의 모든 아이들이 불과 한두 해만에 스스로 터득하는 것은 인간에게 타고난 배움의 능력이 있음을 말해준다. 아이들은 본능적으로 반복을 좋아한다. '도리도리' '잼잼'을 지치지도 않고 하고 또 한다. 본 그림책을 보고 또 보고, 같은 만화영화를 열 번, 스무 번씩 본다. 배움을 좋아하는 것이다.

맥락을 파악하는 능력이 우리 안에 내재되어 있다. 경험에서 얻은 단편적인 지식을 기초로 가설을 세우고 그로부터 연역하여 일반 원리를 찾아내는 작업이 학문이다. 이런 연역식 사고는 학자만 하는 것이 아니라 모든 인간이 타고난다고 볼 수 있다. 우주가 그 원리로 형성되었기 때문일 것이다.

자연 또한 연역식으로 전개된다. 도토리 속에 응축된 채 숨어 있는 전체성이 참나무로 자라난다. 스케치한 밑그림을 점점 완성시키듯이 밀도를 높여간다. 뭔가를 배우는 방법 또한 간단하게나마 원리를 터득하고 그 원리에 따라 응용하고 복제하면서 밀도를 높여간다. 원리와 법칙을 제대로 이해할 때 창의적인 응용도 가능하다. 아기가 단어 몇 개만 가지고도 창의적으로 응용하여 의사표현을 할 수 있는 것처럼.

모든 사건은 어떤 에너지 작용에 '의하여' 일어난다. 걸음은 한 걸음, 두 걸음 셀 수 있는 사물이 아니라 서로 긴밀하게 엮여 에너지를 주고받으면서 시간 속에서 진행되는 하나의 사건이다. 언어도 마찬가지다. 낱말과 낱말이 맞물려 상호작용하는 가운데 의미가 형성된다. 관계와 상호작용, 곧 맥락이 사건의 핵심이다. 사물이 아닌 사건의 관점, 물질이 아닌 에너지의 관점으로 세상을 바라볼 때 사건의 맥락을 알 수 있다.

뛰어난 문학작품이나 드라마에서 등장인물들 간의 관계에 의해 저절로 이야기가 풀어져 나오듯이 맥락은 '의하여'로 만들어진다. 그럴 때 맥락이 탄탄해진다. 인간의 성장 또한 환경과의 상호작용에 의해 일어나는 사건이다. 그리고 아이들의 성장에 가장 중요한 환경은 다름 아닌 사람이다. 부모와 형제, 친구들, 선생님들이다. 아이가 주변 사람들과 활발히 상호작용할 수 있도록 돕는 것이 교육이다.

우리는 서로에게 환경이다. 커다란 맥락 속의 존재들이다. '한 걸음'이 존재하지 않듯이 사실상 '나'는 존재하지 않는다. 너와 나는 분리된 한 걸음, 한 걸음이 아니라 하나의 큰 걸음을 구성하는 존재들이다. 모든 배움은 그것을 알아가는 과정이다. 그리고 진정한 배움은 그 앎을 몸으로 살아내는 것이다.

시간은 우리 편이다

맥락을 읽는다는 것

인간은 관계의 존재다. 한 인간의 정체성은 그가 맺고 있는 관계 속에서 성립한다. 아이들 역시 가족과 친구 같은 다양한 관계 속에서 끊임없이 상호작용을 하면서 자란다. 다시 말해 사건의 흐름 속에 있다. 아이와 주변 환경 사이에 쉴 새 없이 정보들이 오고 간다. 교사는 그것을 읽을 수 있어야 한다. 글을 볼 때 문맥을 읽어야 제대로 이해할 수 있는 이치와 같다.

축구도 마찬가지다. 축구경기라는 사건의 흐름 속에서 선수들 한 명 한 명은 사건의 연결고리다. 감독은 선수들의 움직임을 맥락의 관점에서 살필 줄 안다. 뛰어난 선수 역시 경기의 흐름을 읽고 선제적으로 대응한다. 공을 뒤쫓는 것이 아니라 공이 올 위치로 먼저 가서 기다린다. 바둑 고수들도 그렇게 한다. 판을 읽고 선수를 친다. 그처럼 사건의 관점에서 보면 '사이'와 '맥락'이 보인다. 핵심 정보가 그 속에 있다.

사건은 한 방향으로 흐른다. 에너지 흐름이 그렇듯이. 그러므로 시간 속에서는 '일수불퇴'의 원칙이 가차 없이 적용된다. 한 수 한 수가 사건의 맥락을 바꿔놓는다. 하지만 마지막 수를 두기 전까지는 아직 그 돌의 의미가 결정되지 않는다. 시간은 실수를 용납하지 않는 엄격한 선생 같지만, 알고 보면 매우 너그러운 선생이기도 하다. 언뜻 잘못 둔 것처럼 보이는 돌이 이어지는 돌로 인해 빛을 발하기도 한다.

서예도 그렇다. 한 획을 조금 잘못 그어도 다음 획으로 균형을 잡을 수 있다. 모든 획들이 서로 영향을 주고받으면서 긴밀하게 맞물려 작품을 완성시킨다. 마지막 획을 긋기 전까지는 아직 작품의 진면목을 알 수 없다. 과거가 미래를 결정하는 것 같지만 실제로는 미래가 과거를 결정한다. 스티브 잡스가 말했듯이, 흩어진 점들이 어떻게 연결되느냐에 따라 그 점들의 의미가 달라진다.

아이들 역시 그렇다. 맥락 속에서 어떤 변화가 일어날지 모른다. 교사와 친구들 사이에서 상호작용하는 가운데 변화와 성장이 일어난다. 상호작용하는 법, 곧 커뮤니케이션 방법을 배우고 익히는 것이 교육의 핵심이다. 그 방법은 다양하지만 본질은 맥락을 읽는 훈련이다. 프로젝트 학습, 회의, 구기운동 모두 그 속에 깔린 교육 원리는 같다. 사건의 흐름, 곧 전체의 맥락을 읽고 팀플레이 할 수 있는 역량을 기르는 것이다.

교사는 아이들을 바꿀 수 없고, 바꾸려고 해서도 안 된다. 맥락을 무시하고 물길을 억지로 틀면 일시적으로 물길이 바뀌는 것 같아도 금방 원래대로 돌아가고 만다. 물길을 바꾸고자 한다면 주변 지형과 물길의 속성을 알아야 한다. 다시 말해 환경을 알고 아이를 알아야 한다. 그리고 교사 자신이 아이의 중요한 환경임을 잊어서는 안 된다.

어떤 학생이 실패했다고 교사가 판단할 때, 정작 실패한 사람은 학생이 아니라 학생을 그렇게 바라보는 교사일 가능성이 더 많다. 아이가 문제를 일으킬 때 교사는 아이들을 바꾸려 애쓰기보다 먼저 아이들을 바라보는 자신의 관점을 바꿀 필요가 있다. 교사의 관점이 바뀌면 아이를 둘러싼 맥락이 바뀔 가능성이 그만큼 높아지고, 맥락이 바뀌면 아이도 변하기 마련이다. 맥락을 살피는 것이 교육의 본질이자 삶의 본질이다.

선수를 친다는 것

바둑은 맥락을 읽고, 사물이 아닌 사건의 관점을 훈련하는 데 도움이 된다. 바둑돌 하나하나는 의미가 없는 그냥 돌일 뿐, 흰돌과 검은돌의 관계에 의해 맥락과 의미가 만들어진다. 새로운 돌 하나가 더해질 때마다 바둑판 전체의 맥락이 변한다. 바둑의 경우의 수는 무궁무진하다. 가로 세로 19줄의 바둑판에서 흰돌(0)과 검은돌(1)이 만들어내는 경우의 수가 무려 2×10^{170}이나 된다.

바둑처럼 상대가 있는 게임에서는 선先을 잡는 쪽이 절대적으로 유리하다. 바둑은 선수先手의 중요성을 잘 보여준다. 한 수 한 수가 더해질 때마다 달라지는 맥락을 읽으면서 몇 수 앞을 내다보고 선수를 쳐야 한다. 상대도 마찬가지로 변화된 상황을 읽고 또 선수를 친다. 맞수들끼리는 그렇게 팽팽하게 접전이 이어지다가 대개는 흑돌을 쥔 사람이 이긴다. 시작할 때 흑이 먼저 두기 때문이다. 그래서 바둑 대국에서는 백에게 6집 반을 덤으로 계산해주는 것이 룰로 정해져 있다(중국 바둑은 7집 반을 덤으로 계산한다).

교육 역시 아이들이라는 상대가 있는 게임이라고 할 수 있다. 뛰어난 교사는 아이들에게 끌려 다니지 않는다. 아이들이 뻔히 예측할 수 있는 행동을 하는 교사는 아이들에게 휘둘리기 마련이다. 교사의 머리 꼭대기에 올라 앉아 있는 아이들을 이길 수는 없다. 이미 선수를 빼앗겼기 때문이다. 공을 뒤쫓아가는 게임을 하면 진다. 공이 가는 방향을 읽고 선제 대응을 해야 한다. 네가 이렇게 하면 나는 이렇게 하겠다는 식의 대응은 후수를 두는 것이다. 아이들이 예측할 수 없는 교사가 되어야 한다. 아이들을 휘어잡는 교사는 선수를 칠 줄 안다.

바둑, 운동, 춤, 연애, 교육 등등 상대가 있는 게임의 원리는 비슷하다. 사건의 흐름, 곧 맥락을 읽고 선수를 치는 것이다. 사건의 흐름은 대칭과 비대칭 상태를 오가면서 이어진다. 팽팽한 대칭 상태에서 어떤 의사결정이 일어나면 비대칭 상태로 바뀐다. 씨름은 팽팽한 대칭 상태에서 비대칭 상태로 넘어가는 사건의 흐름을 극적으로 보여준다. 선제적으로 대칭의 축을 이동시킴으로써 에너지 우위를 달성하는 경기다.

대칭 상태에서 선수를 친다는 것은 걷기 전에 먼저 몸을 기울이는 것과 같다. 우리는 걷기 전에 직립자세라는 지구와의 대칭 상태에서 몸을 먼저 앞으로 살짝 기울임으로써 일부러 비대칭 상태를 야기한다. 다음에 이어질 사건을 알고 선제적으로 행동하는 것이다. 지구는 어쩔 수 없이 기울어지는 우리 몸을 받는데, 그 순간 다른 쪽 다리가 앞으로 나가는 대응을 함으로써 다시 대칭 상태를 회복한다. 우리는 의식하지 못한 채 움직이지만 사실상 걸을 때마다 지구에 선수를 치는 셈이다.

눈치보기와 눈치채기

십여 년 전 '쌈지' 기업을 정리하고 파주에서 논밭예술학교를 운영하고 있는 천호균 선생과 인터뷰를 할 때 눈치교육의 중요성에 대해 짧게 이야기를 나눈 적이 있다. 옛날에는 여러 형제들 속에서 자라다 보니 저절로 눈치가 늘었는데, 요즘 아이들은 대개 외동이거나 형제가 있어도 한둘뿐이어서 그런지 눈치가 별로 없는 것 같다고.

선생은 태생적으로 눈치 없이 착한 사람들은 복 받은 거고 대개는 눈치를 보면서 착해진다고 했다. 인간과 사회에 대한 통찰력이 돋보이는 말씀이었다. '눈치'는 좋게 보면 공동체성이라 볼 수도 있고 부정적으로 보면 자기중심이 없는 거라고 볼 수도 있다. 눈치교육이 아이들을 기회주의자를 만들지 않고 좋은 쪽으로 발전할 수 있게 하려면 어떻게 해야 할지를 생각해보게 되었다.

사실 우리는 누구나 눈치를 보면서 산다. 의식적이든 무의식적이든. 눈치보는 대상이 다를 뿐이다. 대리는 과장 눈치를 보고, 과장은 부장 눈치를 본다. 물론 상사도 부하직원 눈치를 본다. 좋은 상사일수록 그럴 것이다. 가족의 눈치를 보는 사람은 가정적인 사람인 경우가 많다. 사회의 눈치를 보는 사람은 사회의식이 있고, 역사의 눈치를 보면 역사의식이 있는 사람이라 할 수 있다.

하지만 눈치를 보는 것과 눈치를 채는 것은 사뭇 다르다. 가족의 눈치를 보는 사람보다 가족의 상황을 눈치채고 적절히 행동하는 사람이 더 어른스럽다. 사회의 눈치를 보는 것을 넘어서 사회변화의 흐름을 읽고 역사의 방향을 눈치챈 사람은 그 흐름을 타고 갈 수 있다. 시류에 영합하는 것이 아니라 선도한다.

선도자는 눈치를 보지 않는다. '눈치를 본다'고 하면 언뜻 '보는'

행위자가 능동적으로 뭔가를 하는 것 같지만 사실은 수동적인 행위다. 상대의 행동 여하에 맞춰 자기 행동을 정하려는 것이다. 저도 모르게 을의 위치에 서게 된다. 반면에 눈치채는 것은 능동적인 행위다. 스스로 일을 주도해서 풀어가려는 자세가 되어 있는 사람이 눈치를 빨리 채는 법이다.

관료화되지 않은 건강한 조직은 구성원들이 서로 눈치를 보기보다 눈치를 채고 알아서 움직인다. 관료화의 정도는 눈치보는 사람들의 증가에 비례한다고 봐도 틀리지 않을 것이다. 학교나 회사, 가정에는 명확하게 누구의 일도 아닌 일들이 숱하게 있기 마련이다. 그런 일이 눈에 띌 때 (눈치를 채고) 스스럼없이 해치우는 사람이 있는 조직은 건강하다. 그런 사람은 자기 역할에 고착되지 않고 유연하게 움직일 줄 안다. 축구선수가 자기 포지션에 고착되면 패하기 마련이다. 포지션이 없어도 안 되지만 거기에 고착되어도 곤란하다. 유연함이 선수와 팀의 기량을 결정한다.

눈치채지 못하면 눈치보게 되어 있는 것이 세상의 이치다. 눈치를 보는 것은 후수를 두는 것이고, 눈치채는 것은 선수를 치는 것이다. 눈치를 보는 것은 들쥐가 주변을 살피듯이 시간이 걸리는 일이지만 눈치를 채는 것은 매가 들쥐를 채듯 눈 깜짝할 새 일어난다. 들쥐가 매를 이길 수 없듯이 눈치보는 선수는 눈치채는 선수에게 패하기 마련이다. 선수先手를 빼앗기기 때문이다. 뛰어난 선수는 경기가 돌아가는 흐름을 읽고 공이 올 자리에 미리 가서 기다린다. 공을 뒤쫓지 않고 공보다 한 발 앞서 움직이는 선수는 경기를 리드할 수 있다. 이처럼 선수를 친다는 것은 자신이 의사결정권을 갖는다는 말이기도 하다. 결정당하는 것이 아니라 결정하는 위치에 서는 것이다.

시간은 우리 편이다

선수를 친다는 것이 반드시 먼저 움직이는 것을 뜻하지는 않는다. 상대방의 움직임을 예측하면서 기다릴 수도 있다. 사건의 관점에서 선수를 친다는 것은 곧 의사결정권을 행사한다는 것이다. 결정당하는 것이 아니라 결정하는 사람이 상황을 장악하기 마련이다. 의사결정을 하는 것은 관성의 힘에 지배당하지 않고 방향전환의 타이밍을 놓치지 않는 것이다. 쉽지 않다. 대개는 하던 대로 하기 때문이다.

사람들은 보통 의사결정 하기 쉬운 쪽으로(또는 아무런 결정을 하지 않는 쪽으로) 결정하는데, 이는 사실 결정을 '하는' 것이 아니라 '당하는' 것이다. 의사결정이 힘든 것은 모든 의사결정에 비용이 따르기 때문이다. 양단간에 결정을 하려면 많든 적든 스트레스가 따르고 기회비용을 감당해야 한다. 보통 사람들은 그 비용을 감당하고 싶어 하지 않는다. 결정당하는 것이 더 편한 것이다.

역량을 기르는 것은 곧 의사결정하는 힘을 기르는 것이다. 선수를 치는 의사결정을 할 수 있으려면 의사결정에 따르는 비용을 감당할 수 있어야 한다. 모든 배움과 성장의 본질은 그 힘을 기르는 것이라고 할 수 있다. 관성에 지배당하지 않는 힘, 과거에 사로잡히지 않는 힘, 맥락을 읽고 맥점을 짚을 수 있는 힘을 길러야 한다. 에너지의 흐름을 면밀히 살피면서 적절한 타이밍에 적절히 방향 전환할 수 있어야 한다.

일을 할 줄 아는 사람은 그렇게 일의 맥락을 알고 맥점을 짚을 줄 안다. 맥락과 맥점의 관계는 인체의 에너지 통로인 경락과 경혈의 관계와 같다. 경혈이나 맥점은 에너지가 꺾이는 지점이다(인체에서는 주로 뼈가 이어지는 관절 부위, 근육과 근육 사이에 주요 경혈 자리가 있다). 그 자리는 대체로 급소다. 정확한 급소 지점을 타격하면 맥을 못추게 만들 수 있다. 이처럼 맥락과 맥점을 알면 사건의 흐름을 통제할 수 있다. 의사결정이 가능한 것이다.

사건은 피치 못할 인과관계와 작용반작용의 법칙에 의해 다음 단계가 전개된다. 원인 없이 결과가 있을 수 없고, 작용 없이 반작용이 일어날 수 없다. 과거가 미래를 제약하는 것이다. 다시 말해 사건은 '위하여'가 아니라 '의하여'로 작동한다. 그렇게 사건이 통제됨으로써 맥락이 만들어지고 사건이 성립한다. 이는 뛰어난 문학작품에서 상황과 등장인물들의 관계에 의해 맥락이 만들어지고 이야기가 풀려나오는 것과 같다. 그럴 때 이야기는 개연성을 갖게 된다.

세상은 사물의 집합이 아니라 사건의 연속으로 이루어져 있다. 사물처럼 보이는 물질세계도 미시 차원에서는 사건의 연속이다. 의사결정의 연속체라는 말이다. 사물이 아닌 사건의 관점으로 세상을 보는 훈련이 필요하다. 완성된 서예 작품은 공간상의 사물이지만 글씨를 쓰는 행위는 시간 속에서 일어나는 사건이다. 획과 획은 서로 긴밀하게 맞물려 흐른다. 글씨에서 시간이 만들어낸 변화가 읽히면 그 작품은 살아 있는 작품으로 다가온다.

모든 의사결정은 갈림길 또는 변곡점에서 일어난다. 여기서 말하는 의사결정은 인간의 의도가 작용하는 결정만이 아니라 에너지가 전달되는 과정에서 일어나는 모든 방향전환을 말한다. 한 번의 붓놀림, 한 번의 피칭, 한 번의 스윙에서도 여러 단계의 의사결정이 일어날 수 있다. 일류 선수는 그 한 번의 동작을 세분할 줄 안다. 다시 말해 자신의 동작을 통제할 수 있다.

사건이 인과의 법칙을 따르는 것은 기승전결에서 기가 나머지 과정을 제어한다는 뜻이다. 하지만 과거가 미래를 제약하는 것이 곧 결정론이나 운명론으로 이어지는 것은 아니다. 투수가 한 번의 피칭을 세분해서 자신의 동작을 컨트롤할 수 있듯이 고수는 여러 번 기의 위치에 설 수 있다. 유전자론이든 금수저론이든 모든 결정론이 간과하는 것은 기의 단계가 한 번뿐이 아니라는 사실이다. 백지 위에 그은 획을 바꿀 수는 없지만 다음 획으로 균형을 잡을 수 있다. 획과 획, 글자와 글자가 서로 영향을 주고받는다.

사건은 꼬리에 꼬리를 물고 이어진다. 과거가 미래를 제어하지만, 또한 미래가 과거를 결정하는 사건의 또 다른 측면을 간과하면 사건의 본질을 놓치게 된다. 금수저 흙수저 논쟁은 사건의 전반부만 본 것이다. 아이의 미래가 과거에 제약당하기도 하지만, 아이들의 성장을 돕고자 하는 이는 미래가 과거를 결정한다는 점을 한시도 잊어서는 안 된다. 아직 작품은 완성되지 않았고 시간은 우리 편임을 믿어야 한다.

스스로 서서 서로를 살리는 교육

초판 1쇄 발행 2020년 6월 15일 초판 2쇄 발행 2021년 4월 5일

글쓴이 현병호 편집 이수진, 장희숙 펴낸이 현병호 펴낸곳 도서출판 민들레
출판등록 1998년 8월 28일 제10-1632호 주소 서울시 성북구 동소문로 47-15
전화 02-322-1603 전송 02-6008-4399 이메일 mindlebook@gmail.com
페이스북 페이지 facebook.com/mindle9898 홈페이지 www.mindle.org

ISBN 978-89-88613-89-4(03370) 잘못 만들어진 책은 바꿔 드립니다.

이 도서의 국립중앙도서관 출판예정도서목록(CIP)은 서지정보유통지원 시스템
홈페이지(http://seoji.nl.go.kr)와 국가자료공동목록시스템(www.nl.go.kr/kolisnet)에서
이용하실 수 있습니다.(CIP제어번호: CIP 202002368)

두려움과 배움은 함께 춤출 수 없다

크리스 메르코글리아노 씀 | 공양희 옮김 | 13,000원

미국 알바니프리스쿨에서 40여 년 동안 아이들과 함께해온 글쓴이가
교사로 산다는 것이 무엇인지, 배움터의 역할은 무엇인지, 어떻게 참된
배움의 길을 열 수 있는지 자신의 생생한 경험을 통해 들려준다.

교육 통념 깨기 _교육에 대한 환상과 두려움을 넘어서는 길

이한 외 씀 | 10,000원

머리가 나쁘다는 판단의 함정, 학습과 기억은 어떻게 다른가, 상이 아이들을
망친다, 엘리트 교육의 허와 실, 용꿈에서 해방되기… 사람들이 흔히
사로잡혀 있는 통념을 깨면서 교육의 본질을 다시 생각하게 한다.

하류지향 _배움을 흥정하는 아이들, 성장 거부 세대에 대한 사회학적 통찰

우치다 타츠루 씀 | 김경옥 옮김 | 14,000원

젊은이들이 공부와 일로부터 도피하는 현상을 분석하면서, 글로벌 자본주의가
부추기는 '개성을 강조하는 교육'의 이면과 '자기 찾기'라는 이데올로기 속에
숨어 있는 함정을 들추고, 성숙을 위한 교육의 가능성을 이야기한다.

교사를 춤추게 하라 _당신과 내가 함께 바꿔야 할 교육 이야기

우치다 타츠루 씀 | 박동섭 옮김 | 13,000원

신념에 찬 교사보다 갈등 속에 있는 교사가 더 낫다는 통찰은 교사의 역할에
대해 새롭게 생각해보게 한다. 고장난 자동차를 타고 가면서 수리하는 일에
가까운 교육개혁을 어떻게 이룰 수 있을지 그 가능성을 가늠할 수 있다.

변방의 아이들 _삶을 돌보는 교사가 들려주는 교육 이야기

성태숙 씀 | 14,000원

서울 구로동에 자리한 공부방에서 삼십여 년 가까이 아이들을 만나온 저자가
어디에도 마음 붙일 곳 없는 아이들을 보듬으며 온몸으로 써내려간 기록.
마을이 아이를 키운다는 것이 도시에서도 가능함을 보여준다.

스스로 서서 서로를 살리는 교육으로 가는
길가에 핀 '민들레'를 만나보세요.

정기구독 신청

교육=학교교육이라는
통념을 깨고

삶이 곧 배움이 되는 새로운
교육문화를 만들어갑니다.
가르침과 배움의 경계를 허물고
함께 배우고 성장하고자 하는
이들이 손을 잡을 수 있게 돕습니다.
자기가 선 곳에서 교육을 바꾸어가는
부모와 교사, 학생들이
전국 70여 군데에서 활발히
독자모임을 이어가고 있습니다.

구독 안내

낱권 11,000원
일 년 구독료 66,000원

10명 이상 함께 신청하시면
구독료를 10% 할인해 드립니다.

정기구독을 하시면 민들레에서 펴낸 책
구입 시 10% 할인해 드립니다.

교사라는 울타리를
넘어

격월간《민들레》는 '교사의 시선'에
머물러 있던 저에게 부모와 육아,
대안학교와 청년들의 문제까지
넘나들며 여러 사람들의 관점을
연결해주었습니다. 그리고
희망이라곤 찾을 수 없었던
'교육' 속에 생기를 불어넣으며
새로운 싹을 틔우는
사람들 소식을 전해주었습니다.
우리는 누군가에게 닿아야 살아갈 수
있습니다. 삶의 기척을 알아채고
서로에게 기대면서 말이지요. 저는
그 벗으로《민들레》를 선택했습니다.

_ 전 초등학교 교사 양영희

민들레 02) 322-1603 | www.mindle.org
mindle1603@gmail.com